與濟佛有約

生命重現

邱美郁 著

序

孩子在，因為祢的愛；
因為祢，才懂得真愛；
因為罕見，方能遇見；
擁抱脆弱，從心展開。
與濟佛有約——
生命重現！

人生總在遇緣不同

當你努力完成每一個目標，擁有事業、家庭、金錢的時候，卻不擁有人生，這輩子該追求的，不是無怨的人生，而是感恩那不完美的人生。

二〇一四年人生被一刀劃開，無常的衝擊，生命的分水嶺從此劃分。二〇一六年人生重新（從心）改寫，一場病，感恩罕見中的罕見，讓我們遇見一生罕見的幸福，蛻變出更堅強的自己；一場病，經歷淋灕透澈的生命轉化，學習做自己和別人生命中的罕見天使；一場病，原來人生不是一場物質的盛宴，是一次靈性的修煉。

因為人生的不完美，方才充滿了可能和期待；因為無常的分水嶺，方能流入真常的濟佛法海。原來在這無常法流，大地風雲經中，情與無情處處都在說法；用心感受，原來青青翠竹悉是法身，鬱鬱黃花無非般若；人生的美好缺憾，原來缺憾從未讓美好失色，把缺憾還諸天地，把生命交給佛菩薩。曾經讓你魂縈夢繫的，無常一來，沒有什麼令你抱憾終生的，一切不過如此，生命中本來如此。

生命猶如西山日，富貴終如草上霜，健康富貴是本難尋的書，而無常這本書卻時刻在身邊。生命就是一次次的「選擇」！唯一做最對的試題——選擇跟隨濟佛師尊！人生路上，祂指引了我們方向，讓我們懂得在逆境中不為境轉；歲月磋跎，有祂的寬容；抉擇的渡口，有祂的守候。

「你們怎麼可以讓孩子腫瘤這麼大，還不做處理？不繼續接受美國先進的醫療，而採信沒有科學的法術？」親友們的不解，以為我們「頭殼壞去」。人生的順逆好壞，千錘百鍊看你動不動心，經不經得起考驗。萬法信為功德母，這些年來，看到多少師兄姐因為智慧的「選擇」，消彌長久的桎梏傷痕，破繭重生；富貴求道難，多少如臨「深淵」的家庭，卻因深淵的因緣得以一家虔誠向佛，火焰化成了香潔的紅蓮。任憑世事崎路艱，惟有信願似鐵堅。

一部人神曲，多少慈悲愛；總在茶餘後，供予後人說，多少辛酸話因果。凡人肉眼中的一顆瘤，濟佛眼中是因果；是生命符號的裸露；是業力流轉的線索。一顆瘤，體會了釋迦牟尼佛夜睹明星，四十九年講經說法所要宣說的——「無常」；因果、生老病死、因緣變化，一切皆不離「無常」。

衰榮無定在，彼此更共之，人生「禍兮福之所倚；福兮禍之所伏」，罕見加罕見是孩子人生最大的不幸，但也因而體會自己是如此幸運，在最壞的時機，遇到最好的轉機。

未跟濟佛師尊前，為因果所縛，心隨業轉，隨業受報；跟隨濟佛師尊後，了解業因果報，戒慎虔誠，勇於承擔。因果不二，不昧因果當下，今生的瘤是果，更是修行之因，知道反求諸己方是究竟，讓我們時時歷緣對境，借事練心。

感恩上天賜給我們可愛的罕病天使，示現病苦的逆精進，今生感召的一切「受」，咸其自取。演繹佛陀所要教育眾生，最初的四聖諦——苦、集、滅、道，「苦」中明了諸法皆空，因果不空；彙集病的因，藉假色身修真，滅了苦集，方能證道，終能從厭苦到於苦不為苦。

這場業力拔河賽結束了嗎？人生是否從此一帆風順？跟著師尊修行，得到了什麼？得到孩子的健康平安；得到榮華富貴買不到片刻的天倫之樂。失去了什麼？失去了自己的貪瞋痴慢疑；失去悲觀沮喪和煩惱罣礙；失去對世間法的執著。乾坤容我靜，名利任人忙。

跟隨師尊，不是只求解厄消災，求事事皆順境，而是祈願弟子心中常生智慧，學會平等慈悲；學會戒慎虔誠；學會心隨萬物轉，轉處實能幽，隨流認得性，無喜亦無憂，善用境遇的從容。在這大家庭，森羅萬象影現中，繁華蕭瑟亦不同，看見生命不一樣的修行，感受人生的難捨能捨。

最早接觸濟佛時，當時宮規較保守，不被允許請法時個人錄音，更遑論錄影（反觀現今弟子多麼幸福），不知道七年後要寫書，獻曝之忱，就只能憑記憶及照片點滴回溯。感恩師尊讓弟子初次筆耕，將感動醞釀成文字，思緒跟著每一落筆時刻，忍不住挑起那埋藏內心深處，又悲又喜的瞬間。才粗學淺，個人僅以身為人母的角色，如實敘述全家與濟佛不可思議的因緣；記錄師尊與諸佛菩薩如何救渡女兒的神蹟（二〇一六迄今）。

每個人都是一部經，都是獨一無二的風景。願將這難言的感動，見證非凡的佛愛；願透過我們「真」實的心路歷程，濟佛師尊慈悲「善」「美」的種子能夠遠流傳遞，讓世界更美麗；願用自己青澀筆尖，拋磚引玉分享這罕見的幸福，讓更多有緣者了解因果不虛與生命可貴；讓更多人認識凌越宗教信仰的濟佛師尊。這一程千山萬水，也演繹了濟佛教導我們達摩祖師的「四行觀」，從最初的「報冤行」，人所承受、所遭遇的，都是自己過去世或今生感召而來的，既然如此，得失從緣，心無增減。一切歡喜信受的「隨緣行」；順其自然的「無所求行」；最後跟著濟佛師尊的清淨「稱法行」。

濟顛心不顛，金口吐真言，空性觀妙理，禪慧自心田，無毋太多語言，八萬四千細行在祂舉手投足間，三藏十二部經在祂談笑風生間。走過方知惜福；經歷方曉滿足。不敢奢念幫助讀者，只是一顆石頭丟進河水，在讀者心中掀起漣漪，而那一片漣漪連結的就是濟佛無盡法海。

娑婆業浪流，原只盼攀抓到浮木，沒想到登上的是南屏法船，讓我們生命續航，載我們回歸菩提彼岸。一旦慈航離岸去，千載難逢悔莫及，濟佛開示的「緣若結的深，不怕相見晚。」掀開書頁，讓罕見的幸福帶你走進濟佛之家，給自己一個感動。與佛相遇在指間，讓大家與我們一起感動這小舟從此逝，法海寄餘生，東西任遨遊的自在解脫。

「孩子，好在妳出生在我們家，我們不是一百分的父母，但是盡責的父母！」感謝師尊，伴我一生讓我有勇氣做我自己；感謝命運，我們所經歷的創傷都有了意義。

跟隨濟佛師尊，漫漫人生即使暮鼓晨鐘不到耳，明月孤雲永掛情。棄卻虛妄名利心，如今不戀五欲情，濟佛慈悲來牽引，始知從前錯用心。有多少浮雲遊子跟我們一樣，平凡的色身，在濟佛師尊的慈悲救渡，潤澤薰習下，展開非凡的人生。

感恩濟佛師尊此世在娑婆世界欽定的代言人玄微師，天選之人，神選之子。不露鋒芒的他，簡單的一心奉道，常常「笑而不答心自閒」，恬淡中世間種種早已心領神會卻笑對人間，在他裝著老靈魂的年輕身中，自是「別有天地非人間」；從他身上，看到什麼是「功成而不居，夫為弗居，是以不去。」沉默中的微笑——最高的智慧，濟佛說的那是觀世音菩薩的無字天書。

小文歷劫歸來，濟佛師尊開示的：「人生就是一次次的告別」，我想告別病苦，身體「好」了，這個「好」，不僅是「生命的重現」，更是「慧命的彰顯」。德國哲學家叔本華一句名言：「為瞭解人生有多麼短暫，一個人必須走過漫長的人生道路。」理解生命的意義需要先經過年歲的淘洗，若非師尊，「漫長的人生道路」對孩子是如此遙遠，師尊是「大醫王」，非只醫病，而是醫人，療眾病而善見神藥，「全科」禪藥（鑰）讓我們有這福報，以佛為師，隨佛法履慢慢步向清泰故鄉。

看人生如戲，看戲如人生，在別人的故事裡或許藏有自己的緣份，或許也有我們的領悟在其中。戲開演了，好好盡本分，生命的「轉折」，也因這不可承受的扭力，讓歲月逆行，沒有在每一段人生大戲中迷失，混沌在真真假假中找不到出路。

感恩濟佛逆轉我們的人生劇本，原本生命中無法承受之「重」，在這片舞台布幕上，我們的生命依然可以在祂看顧下，輝煌燦爛的輕盈之中展現出來，可「重」真是殘酷？而「輕」真是美麗？因為無法承受之「重」，方知生命「輕」如鴻毛，讓孩子長時以善滌心，以法潤澤，珍惜色身積功累德；因緣生滅中，學習內觀心頭，雖然生活如舊，但看待生命相狀大不同；學習用心生活「妙觀察」世間的緣起性空；學會世事洞明皆學問，人情練達即文章的圓融。

祂的一句法語，道盡人生的綺麗與唏噓；一抹微笑，也會濕潤你的雙眼；親近祂，尋常一樣窗前月，才有梅花景不同；一樣飢來吃飯睏來眠，天地醍醐在其中。心能轉境，即同「如來」，懂得做自己的掌鏡人生，世間戲裡戲外一樣精彩！

值得一提的是：原本頑固不靈的同修，脫胎換骨變了一個人，他說師尊的瞇瞇眼很恐怖，弟子們毫無祕密可言。我卻說師尊的愛，猶如一幅深邃雋永黑白山水畫，亦如祂的墨寶，在祂面前洗盡鉛華浮飾，看到真正純真本然；留白，無中無盡藏。人生路途看到的是叢山峻嶺，還是原野湖泊，都是自己的。釋放自我，感受當下，你看見的或許遠不止是眼前燈光閃爍的舞台，還有思緒中的無邊山水。

佛法浩瀚，但若無濟佛師尊的善（扇，師尊持扇）巧方便，神通示現，先以利勾牽，不知何時能入佛智？少了幾分霸氣，多了幾分和氣，同修前半場或許曾煙花巷陌，任憑倚翠偎紅，秦樓楚館；如今肯把此心移學道，寄情師尊，塵緣漸捨，狂歡盡處是寂寞，夢迴方知身是客。女兒生病，他是盡責的「不落跑老爸」，曾經樓高不見章台路（註：漢時長安章台街，喻聲色歡聚之處），今日次取花叢懶回顧；昔時夜不歸營無覓處，從此濟佛門下菩提路。不僅是同修，全家人包括所有師兄姐，這些年來的轉變，個個「歡頭喜面」，長時薰修，法水入心，慢慢隨師「達者同遊涅槃路」。

落霞雲駛日悠悠，潮來潮去幾度秋，昔時承歡今何在？唯見河水空自流。莫忘初心，方得始終，初心易得，始終難守。走得再長、再遠、再輝煌，不忘記當時的出發。行經淡水暮色街道，山映斜陽天接水，難言的感恩在那波光瀲豔的河水柔波中。是非成敗轉頭空，青山依舊在，幾度夕陽紅。歷史車輪滾滾向前，跟著信眾見證河岸邊的滄海桑田，見證濟佛的愛與慈悲；莫道桑榆晚，為霞尚滿天；晨曦猶璀璨，旭日又東昇。

沒有光，才能看到螢火蟲

碧潭自家附近的和美山，四月春天的草叢銀河系，有如童話故事中的森林小精靈般引人入勝。女兒揪著我們重尋失落的童心，唯有黑暗中才能看到火金姑的微光，當人生陷入漫漫長夜，有人阻咒黑夜，也有人試圖尋找暗夜飛舞的螢火蟲，師尊如那浩瀚璀燦星空，看著滿山幽谷的螢火蟲，珍惜當下每一個平安；感恩師尊讓我們涓滴培福，如小小的螢火蟲做來「囤」。

日前女兒以公司送的入場券，帶我們欣賞了迪士尼動畫音樂交響曲，每一部迪士尼、宮崎駿的動畫作品，總有那麼一兩首扣人的弦律縈繞心頭，曾是和孩子的共同擁有。而今，我們生活中的所有，行住坐臥的日常，不知不覺都被濟佛師尊的教化填滿，沒有祂，日子如何過得淋漓盡致？日常瑣碎都是美好。即便是我們的子孫很老很老之後，都能告訴別人的美好。Be who you are right now. 做好你現在的角色，一句不經意的卡通台詞，不也是師尊教化的演好自己嗎？祂的潛移默化，我們徹底被重塑了，在氣質裡；在談吐上；在胸襟的無涯。

因女兒生病過程前階段在美國，本書也隨手分享身歷其境美國道場的成立因緣，點滴軼聞，撿拾生活中師尊的教化，在恢諧中領悟智慧的法喜。法水長流，「青山一道同雲雨，明月何曾是兩鄉？」思鄉之情，最難割捨；求法之心，沒有距離。道場是師兄師姐們同心協力一起護持的，原來一個「願」無量法緣，菩提道心永不變。

同時也分享了女兒手術後，個人參與行腳的一點感動，跟著玄微師行者跫音步步慈悲，念念祝福，願願平安，或許那是生命中唯一的經歷，那一點感動諦造的是永恆刻骨的回憶。

千古詩樂墨韻，繪不盡師徒情，歌不盡感恩心，走過煙雨歲月，曾經繁華歇處，原來「歇即是菩提」。天涯地角有窮時，唯有佛愛無盡期。《妙法蓮華經》「諸佛世尊，唯以一大事因緣故出現於世。」濟佛師尊不正就是為「開、示、悟、入」眾生而來？無上甚深微妙法，用最簡單「大道至簡」指引弟子走向解脫，邁向光明。

此方是諸大聖賢為眾生一大事因緣而來的誓願，讓載浮載沉的眾生游出苦海；教我們如何將業報身轉為願力身。祂的威儀不是高高在上，道貌岸然，而是談笑風生走入人群，輕鬆中不失智慧，幽默中更富玄機。入世是為了讓更多眾生出世，他的善巧，儘管金剛怒目的流露，抑或菩薩低眉的含蓄示現，在在都是為了應機渡眾。「行天武聖宮」的香火興旺，不僅是在那有形香火，更是看到自己心中萌芽的清淨香、無畏香、道德香。

蘇軾的《定風波》「回首向來蕭瑟處，歸去，也無風雨也無晴。」這份蕭瑟中的雲淡風清，曾經穿林打葉，煙中騰雲，雨裡行走，生命的拔河，不經一番寒徹骨，怎得梅花撲鼻香？以病為師，方得如此暗香浮動，凌霜傲雪；一場罕病，曲折蜿蜒是為了找到回家的路，無以言喻的，芒鞋踏破隴頭雲，竟是「歸來笑撚梅花嗅，春在枝頭已十分」。

追雲逐夢

一場壬寅年十二月初八（二〇二二年）臘八的拾得禪師說教，和合二仙（寒山拾得）的餘波盪漾，一首詩不覺乍然浮現腦海，內心深處似有一根弦被輕輕撥動，繞樑不絕……。

▲濟佛師尊乙未年 11 月 17 日（2015）贈予曾教授之墨寶。

那是師尊身旁多聞的阿難「曾教授」說，早期每逢阿彌陀佛聖誕，師尊常會作畫吟詩交予她，此墨寶乃為師尊所賜。一聞千悟的教授當時對此詩非常有感，而我幸得其不吝分享，經教授同意，借花獻佛（乙未年十一月十七日，二〇一五年）分享如下：

紅塵六度月朦朧　天地醍醐在其中
尋覓法味雲台峰　因果有數不忽容
清淨如定君思夢　和合一如慧心通
了塵無礙尋僧蹤　似有如幻即禪宗
心亂不潔吹東風　身心無動一老松
三陽逢春伏青龍

問君何需追雲逐夢？八千里路雲和月，希望這本書讓你我窺見，回眸處，靈犀不過一點通，了塵無礙尋僧蹤，妙法何處覓，當下即是處，僧蹤何處？你我已漸懂……。

有人問我信何宗——「暗時暗眠摸，淡水找濟公」。天上總會有雲，而祢，讓我們看見天空，感謝有緣的朋友一起分享我們筆尖下最溫柔的慈悲，佛眼中沒有「抾捔」是不堪使用，讓我們在笑談中感受那俯拾皆美，俯「拾」皆「得」的智慧，跟著「與濟佛有約，生命重現」，一起穿越巒峰，覓得僧蹤，非凡探索，「抾著」濟佛，且聽我戲說從頭……。

謹此

獻給我們最敬愛的師尊

舊容新裝（妝）

壬寅年農曆七月十八日欣逢王母娘娘聖誕（二〇二三年九月一日），濟佛師尊為本書重賦予新書名「與濟佛有約——生命重現」。驟雨初歇，感恩的情愫在空中沉澱，餘音繞樑，花（法）雨滿天，不僅是孩子生命重現，也賦予每個人生命更深遠的意義，褪去一身滄桑，風華重現的是「返璞歸真」。

閱盡春花秋月，走過千山萬水，那彼此的約束，生命重現，劇終，原來只為那——「還至本處」，回歸人人本具的佛性，回歸自己的清淨、平等、覺。

是的，返璞歸真，聆聽師教，以法會心，灌溉心田，何處不是祇樹給孤獨園……。

無盡恆河塵沙土
相遇罕見坎坷路
渡口有祢不迷途
只因佛愛緣深處
繁華如煙樂與苦
千里不捨來眷顧
何幸與濟佛有約
生命重現菩提路

▲舊容新裝（妝），壬寅年農曆七月十八日欣逢王母娘娘聖誕（二〇二三年九月一日），濟佛師尊為本書重賦予新書名「與濟佛有約——生命重現」。

目錄

一 福隆變奏曲

一飲一啄，莫非前定。
因果不空，如影隨行。

終日紛擾醉夢間，偷得浮生半日閒，對案牘勞形的上班族來說，是多麼奢侈的嚮往！抽屜的一角發現去年同修生日，同事們送的礁溪老爺飯店渡假券，趁著小文大二暑假的尾聲，遠離塵囂，循著那一抹夏末初秋的微風，遙想著水天交融碧海晴空，那一年是二〇一一年的九月……。

連續假期北宜高速公路塞車已是司空見慣，同修決定改走省道，塵沙滾滾，徐風拂面迎來黏膩的鹽味。近午夏陽慵懶下，「福隆便當」錯落的招牌，對同修彷佛是沿途一道道美味的風景，忍不住停下車來，望著左後方的店家，敏感的我只覺空氣中瀰漫著莫名的硝煙氣息。跟同修說：「福隆便當到處都有，我們還是往前換家店買，不要橫越馬路，或許可以找到『老店』。」說時遲那時快，聽到爸爸的小心願，小文已迫不急待下車，衝向對面店家，一心想讓爸爸滿足期待中的懷舊滋味

不安心的我尾隨著女兒同去，川流不息的大卡車迎面而來，瞻前顧後好不容易越過馬路，在便當店內借用洗手間時，外面一聲巨響，刺耳的緊急煞車劃破沉寂，瞬間心如擂鼓。門可羅雀的店家，裡外都沒看到女兒的身影，努力說服自己「小文已經上車了」！走出便當店，看見路旁停了一輛砂石車，站在龐大車身後，看不到前方發生什麼事，但嗅覺到出事了，矛盾的心情不敢趨前，惴惴不安的加速過馬路，小文竟然沒在車上！

同修問：「妹妹怎沒一起回來？剛才應該是車禍，有看到嗎？」難道女兒還在店

裡等現做的熱便當？開始心神不寧，準備一窺究竟時，同修從後視鏡遠望馬路中倒臥一個人，砂石車擋住了視角，無法清楚看到傷者，但那眼熟的衣服……不祥之兆越來越強烈，跟同修快馬加鞭衝過去，怵目驚心的一幕，果然就是自己的寶貝女兒！

「福隆便當」平凡的四個字，映入眼簾只一剎那，卻是一生永不磨滅的印記；疾馳呼嘯車聲中，散落一地的愛心便當，粉碎了一個仲夏之旅，遇見了什麼是「無常」。

冤冤相報何時了

據砂石車司機描述：「一輛風馳電掣的摩托車自左後方超越，迅雷不及掩耳猛烈飛撞上準備過馬路的小文。」巨大的撞擊力，小文被強行拖行了一段路，若非砂石車緊急煞車，後果不堪設想！同修抱著魂飛魄散的女兒，孩子呆滯的眼神似乎認不得我們，渾身鮮血淋漓，衣服磨破一大半；頭髮扯掉了一大截，心急如焚的我眼淚撲簌不止，口中直念「阿彌陀佛」。

等不及救護車抵達，我們火速送女兒至最近的醫院，隔了許久小文方才漸漸回神，此時微弱的一聲「麻麻，發生了什麼事？」竟是世上讓妳破泣為笑，聽到希望的聲音，這屏息以待的一聲比初次牙牙學語叫「麻麻」更悅耳心動！醫生研判是鎖骨斷裂，簡單包紮後，確定沒有生命危險，因當地偏鄉醫療資源有限，建議還是儘早回臺北找大醫院，後腦著地是否有腦震盪，也必須持續觀察一段時間後方能確定。

準備離開醫療站時，急診室外傳來隱隱哀嚎聲，門簾掀開的一角，瞥見狼狽不堪的肇事者正等待護士療傷，血跡遍滿扭曲變形的臉，醫生說那騎士臉部嚴重粉碎性骨折，疼痛難耐外也很難痊癒。

出事時熱心店家說：「你們不等警察和保險公司來處理做筆錄，看能不能要求理賠，總不能白白被人撞了？」眼前遍體鱗傷，不成人形的機車騎士，醫院門外停靠著一輛幾乎全毀的破舊摩托車，人車俱傷，後續肯定得花不少錢。我們沒有絲毫怨恨，沒有想求償，冤冤相報何時了？只想儘速返回臺北就診，也祝福那位肇事者早日康復！

回程途中，「怎麼會這樣？我只是想把熱騰騰的便當，趕快拿上車給把拔，然後就昏天暗地……」驚魂未定的女兒心有餘悸的回想著。抱著孩子，車窗外烈日下的柏油路閃閃發亮，此刻的媽媽卻是感受到陽光下的「陰影」。

適逢連假，醫院一般門診未開放，只好先回家休息。小文鎖骨斷裂動彈不得，胳臂吊帶上血漬斑斑，破裂不堪的上衣難以脫下，為了替孩子換乾淨衣服，無計可施，小心翼翼手握剪刀正準備剪開上衣時，小文的頭髮毫無拉扯下，竟然如化療患者般一大搓一大搓掉，接連好幾天都是一樣，或許醫生會說可能是受到驚嚇過度的人體反應，但那不寒而慄的直覺，一地落髮告訴我，這不是單純的車禍……。

好不容易找到住家附近有名骨科醫院院長安排手術，同時觀察後腦，是否有腦震盪現象，幾天下來反應還算正常，稍稍放心了！院長說年輕人再生力強，術後不用多久就會復原，然而小文恢復期比預計時間長，前後歷經一年才痊癒！

後腦撞擊，沒有腦震盪，然而另一番動盪卻在二年後無聲襲來，那根根掉落的頭髮，彷彿警示著什麼……。

一張想用卻用不到的渡假券；一趟想去卻去不了的旅程；一份想嚐卻嚐不到的便當；一連串錯過的遺憾，方知「一飲一啄，莫非前定」；一場車禍，不堪回首，歷經傷痛，人生才真正啟頭。

二 上天的禮物

無常風中燭，業繫輪迴苦。
人生如霜露，何能再糊塗。

「曾經以為我的家，是一張張的票根，撕開後展開旅程，投入另外一個陌生……」民歌時代一首「驛動的心」唱出了五味人生。從無到有，苦心經營二十餘年的工程顧問公司，是我們的驕傲與美好回憶，同事們說：「我們的小孩，都是喝公司的奶水長大的。」隨順因緣，從有到無，二〇一二年與美國頂尖工程集團完成併購了！告別朝九晚五的繁忙，投入人生的下半場，緣起緣滅，日後聽到濟佛開示的「人生只不過是來體會一切的因緣」，佛經上「一切法因緣生」的真理，濟佛簡單一句法語道盡宇宙人生。

兒子小祥從高中就一直待在美國，大學畢業後任職於洛杉磯的本土銀行，為方便探望孩子，在美麗的聖塔莫尼卡（Santa Monica）擁有加州第一個家，工作之餘臺美往返，生活愜意。妹妹大學畢業後，也申請到UCLA（加州洛杉磯分校）化學工程碩博士班。在我「曾經以為」中，退休後第一張票根，可以盡點子女義務，多些時間陪伴南部年邁龍鍾的公公，陪伴美國的寶貝兒女；「曾經以為」少一分八萬四千的塵勞，可以多一分閒雲野鶴的消遙；「曾經以為」孩子平安長大是理所當然；「曾經以為」來日方長，卻不知世事無常。

「罕見惡性真皮肉瘤」、罕見多發性中樞神經纖維瘤」陌生的醫學名詞，什麼時候赫然出現在人生字典中？規劃好的人生下半場，曾幾何時變成一趟無法按圖索驥的水遠山長！

二〇一四年初，妹妹摸到後腦勺有個漸漸明顯的小突起，二年前車禍的陰影不覺倒帶上映，莫非是當時後腦撞擊著地的後遺症？剛開始在學校曾給校內醫生看過，同年寒假期間回臺順便看了皮膚科，醫生們說法一致，就外觀上觸診，認為應該是良性瘤，然而沒有取樣化驗，都只是初步判斷。腫瘤還小，平時無任何不舒服症狀，不妨暫時先觀察，一旦有長大跡象，再做切片檢驗。當時因在臺停留時間倉促，平常沒什麼不良感覺，就未做進一步處理。

但小突起似乎不太聽話，二〇一六年初妹妹通過博士班資格考後，特地請假回臺灣檢查，熟識的院長認為應是常見的脂肪瘤，不必過於擔心。一來為了配合妹妹能早日返美上課；二來春節即將到來，年假期間醫院一般門診休診，即使是良性，唯恐夜長夢多，既已請假回臺了，索性一次切除，因此拜託院方儘速安排年前手術。胸有成竹的院長憑藉多年豐富行醫經驗，未做任何術前檢查，認為一般門診手術即可，不需住院。手術前夜，哥哥想到妹妹頭髮太長了，拿了剪刀，兄妹倆歡笑中，哥哥開始展現他的「頂」上功夫。

二月四日上午八點安排第一台刀，原本估計的門診小手術，時間如蝸行，家屬休息室牆上手術資訊看板停滯在「手術中」，近午時分，「黃〇文家屬請至……」令人不安的廣播，只見院長嚴肅沉重的表情，告知手術已漸完成，情況遠比他想像的複雜棘手，原本判斷只有簡單的一顆腫瘤，沒想到簡單下竟然是極不簡單……。

約莫一個鐘頭後，終於看到臉色慘白驚魂未定的妹妹，紅著眼：「好痛！好痛！我看得很清楚，醫生開刀時，旁邊站著一個長著馬頭的人，很可怕地盯著我，手術房裡好冷喔！」四肢冰冷微顫的女兒，在爸爸懷裏像個哭泣娃娃。從小，爸爸熟悉的懷裡讓孩子揮灑無數的淚，永遠是撒嬌時最好的安慰。心疼女兒，何其不捨呀！令人不解的是，即使局部麻醉，開刀時不應該痛醒，原來手術過程中，醫師發現輕估了病情，開刀時間延長，緊急追加麻藥止痛效果有限，難怪妹妹會痛不欲生幾至昏厥。除了原有白袍醫護人員外，那位虎視眈眈的馬頭先生，是否就是傳說中陰間的馬面？是否也在今天參與手術名單中？冰冷的手術房，上演了一場慘痛加碼的人間煉獄。

回診聽取切除的腫瘤檢驗結果出爐時，不祥預感縈繞著。院長臉上嗅不到手術前十拿九穩自信的氣息，看不見往常輕鬆自若的笑容，欲言又止告知「妹妹的病例少之又少」，當時沒說這叫「罕見」，只告知醫院尚無病例，需持續觀察，囑咐妹妹半年後一定要追蹤複檢，絕不可大意。勉強擠出的一句「腫瘤介於良性與惡性間，但目前看起來還沒惡化」，陌生的英文病歷，縱然不諳醫學名詞，自己已略能解讀，只是慣性的自我粉飾太平，選擇相信腫瘤是「良」性。

孩子的健康突然走在鋼索上，隨時可能墜入深淵，媽媽決定「一張票根，撕開後展開旅程，投入另外一個陌生」，陪著在陌生的美國就學的孩子，一起面對陌生的病，陌生的未來。

返美未久，果然禍不單行，孩子剛切除腫瘤的部位，慢慢又突起了些。美國行醫的遠親，看了妹妹先前在臺灣手術的病理報告，建議到 UCLA 醫院重新檢查，後續在美國定期追蹤，畢竟頂尖教學醫院，完善的醫療設施，孩子就學期間，常請假回臺確實不方便，在校有學生保險，方為長久之計。

妹妹遂聯絡保險公司安排檢查，UCLA 的醫生認為臺灣出具的手術病理報告，內容含糊，妹妹病況非同小可，應是好發性強的罕見惡性肉瘤，最好儘速重新採檢化驗，以免延誤就醫。我和同修顧慮女兒頭部傷口才剛復原，為了切片檢查又要再次開顱，委實不忍心，經與醫生協商後，決定請在臺家人取得臺灣手術切除的檢體，寄回 UCLA 醫院重新化驗，倘若遺留檢體不清楚，再另行切片。妹妹在腫瘤中心艾爾伯主任精心籌組的醫療團隊下，開始一連串縝密檢查。

等待一翻兩瞪眼的宣判是難言的煎熬，一週後醫院終於通知看病理報告了，診療室除了艾爾伯醫師外，出現一張新面孔，原來艾爾伯特別邀請經驗豐富的父親前來會診，老教授是 UCLA 醫院腫瘤科創辦人，在醫界貢獻卓越，父子兩人共同的表情——臉色凝重，如此氛圍，媽媽似乎已感知到了什麼。

臺灣寄來的檢體化驗結果，證實那是一種極罕見「惡性真皮肉瘤（Sarcoma）」，UCLA醫院臨床上有幾個病例，多發生在年輕人，尤其黑人居多，妹妹在那醫院是第一個亞洲病例。外觀觸診很容易被誤判為良性瘤，此腫瘤好發性強，建議擴大切除乾淨，來求醫的不少是復發者。醫院立即安排MRI（磁振造影），確定腫塊的大小及位置，高度懷疑臺灣的手術切除安全範圍不夠，導致再次快速復發。

罕見加罕見

心中浪潮猶未息，雪上加霜又一起，MRI顯示，除了原本棘手的後腦勺真皮肉瘤，又發現腦內有十幾顆的小腫瘤，研判是另一種罕見的「多發性中樞神經纖維瘤（簡稱NF2）」，生平第一次聽見了躲在命運之神背後，病魔真正的名字！

這是UCLA院方首例，一人同時罹患兩種罕見疾病，實為罕見中的罕見。究竟妹妹是源自遺傳還是自身的基因病變？因為哥哥一切正常，身為腫瘤科創辦人，學經歷顯赫的艾爾伯老父第一次接觸如此罕見加罕見的病例，彷如探照燈般仔細掃視了一番，身家調查似的問了一連串問題。父子二人應該極其希望妹妹的罕見病史，能貢獻在他們的醫學研究上，畢竟其中還有很多未知的領域亟待發掘，建議我們做昂貴的基因檢測，曾經一度深深自責，難道是媽媽的缺陷基因貽害了孩子？

空前的病例，艾爾伯醫師結合了血液腫瘤科、腦神經內外科、遺傳學、整型外科等專業的醫療團隊，密集開會討論最妥善的治療方法。醫生建議：頭部的腫瘤細胞屬好發積進型，要儘快動手術，否則腫瘤越大難度越高，相對日後頭皮重建也越難。頭部二次手術的高挑戰，醫生一再安慰，放心交給他們的專業。同時腫瘤科醫師也開立昂貴的標靶藥，希望手術前先藉藥物抑制，讓腫瘤縮小些再進行切除，標靶藥物成效多少？醫生毫無把握！

針對「多發性中樞神經纖維瘤」不同的專業醫療領域，妹妹被轉診到相關科別。年輕的韓籍醫師試圖讓壞消息不那麼難堪似的，目光短暫交集下，感覺他在思索如何委婉為我們解說病情：「這種瘤屬於良性瘤，不會馬上致命，但卻是極磨人的病，目前醫術無解，需定期觀察，現在腫瘤還小，跟它們好好相處，除非腫瘤大到壓迫神經，再進一步切除處理。希望病情不致於太快惡化，然而根據有限病史顯示，病人發現腫瘤之後，若干年內會發病，幾無人倖免。妹妹比較大的瘤貼近聽覺神經，一旦發病後會慢慢喪失聽力、甚至完全失聰、平衡失調，至於是否有其他症狀，取決於腫瘤壓迫神經的位置，隨著病情惡化，生命機能將逐漸衰退。」

突然沉寂半晌，續道：「妳還那麼年輕，好好把握生命，想做什麼，想吃什麼，想去哪裡玩，就趁現在，不要考慮太多。妳要儘早學手語，當然病情也有可能不那麼快惡化，或許因醫學日新月異，將來會研發出新療法，但是學習手語，就算自己用不到，也多了一項助人的技能。」醫生無奈的眼神：「你們可以全家陪妹妹一起學手語，美國有很多教手語的機構。」腦中的空白，還反應不過來，為什麼全家都要學？冷靜下來才想到妹妹如果喪失聽力，家人跟她雙向溝通，彼此也只能藉由手語！

看著醫生手中不停滾動著滑鼠，媽媽眼中淚水只覺電腦上的影像漸次模糊。生命的短暫，無可掌握的未來，毋庸多問病況，在那一句「想做什麼，想吃什麼，想去哪裡玩，就趕緊趁現在。」表達了一切。

看診室內空氣凝重的令人窒息，一家人相視淚眼，無語凝咽。奢求從醫生眼中尋獲一絲希望，卻是那麼遙不可及！世界正在崩塌陷落，難道幸福從此成為久遠的傳說嗎？學歷、事業、財富……曾經追求的一切，在這平凡的一天頓成夢幻泡影。這份意外大禮，能有什麼選擇？能否選擇病苦別那麼猛烈殘酷，別那麼神出鬼沒地防不勝防？人生如戲，這齣人生大戲，能否有捷徑越過不喜歡的橋段？然而，最準的算命是因果，由不得討價還價，心在眼淚落下的那一刻是如此殘弱不堪！

拖著沉重步伐穿過醫院的長廊，沉默是一家彼此的語言。當車上傳來曾經喜愛五〇年代的經典老歌《世界末日》（The end of the world），聖塔莫尼卡的豔陽依然燦爛；浪潮依舊輕拍海岸；鳥兒一樣跳躍歡唱，難道他們不知道什麼是世界的盡頭？

（Don't they know it's the end of the world?）

一樣的歌曲；一樣的景色；一樣的日子，心中吶喊著，什麼都一樣，但什麼也都不一樣了！

醫生建議我們上網蒐尋這種罕見病的症狀，然而越瞭解，殘酷的案例只讓我們更脆弱，醫藥的無解令人萬慮千愁，期待的只不過在寥寥的醫療文獻中，努力尋找安慰自己的假相罷了！自此全家陷入愁雲慘霧中，命運真無反轉的機會嗎？為什麼得病的不是自己？而是人生之路才剛起步的女兒？身為人母，從心底最放不下，揹負最沉重的就是孩子呀！

期待的人生，何嘗不是逍遙順行千里，希望一切都在自己的掌握中？一個無常巨石，就能讓人撕心裂肺，殘破不堪。倘若真能「縱遇鋒刀常坦坦」，那才是真功夫，真瀟灑。原來學佛分別名相不知休，數它珍寶無有益，境界現前「諸相非相，在塵出塵」，《金剛經》的「不二之路」已然異念紛飛思緒萬千。哎呀！怎麼聽佛修禪似有悟，滾滾紅塵又現形！

▲圖 2-1：兄妹情深，哥哥展現他上「頂」上功夫，為妹妹剪頭髮。

假使百千劫，所作業不亡，因緣聚會時，果報還自受。看不見的因果糾纏，在業力現前那一剎那變得如此擲地有聲，因果如鏡下，史無前例的「罕見加罕見」昭然若見！

原來當初臺灣手術劃下的那一刀，裡面隱藏好幾刀，一張記錄病歷表上永遠也寫不出的真實……。

蒼茫世情悲與歡，朝拾花瓣暮凋零，晨沐陽光夜風雨，人生之無常，上天給孩子的禮物是人生序曲的璀燦起步，還是不可承受的跌宕起伏？

三

因果債　功德還

風月無古今，情懷自深淺。
驀然憶前塵，萬般皆雲煙。

「兒子回來吧！妹妹的病況不知道還可以陪我們多久，你陪她心情會比較好……」小祥因為工作關係，大陸美國兩邊跑，哥哥從小就很疼妹妹，在同修的告知後，暫時結束深圳的工作，回美國陪妹妹，家人永遠是最堅強的後盾。

四月加州依舊淡綠新芽，碧草繁花，時序更迭，蕩漾著生命輪迴與悸動的交響曲，愛花的我，本期待聽一場風雨低吟，看一季奼紫嫣紅。無奈牽動的竟是淚眼問花

▲圖 3-1：落霞與孤鶩齊飛，秋水共長天一色的聖塔莫尼卡。

花不語，孩子成了重大傷病的醫院常客，面對排不完的檢查，等待渺茫的未來，生命的短暫，難道孩子未見花開，就在等待蒼涼的凋零？始終醉心於落霞與孤鶩齊飛，秋水共長天一色的聖塔莫尼卡落日海灘，物換星移是否已今非昔比？

因果說不盡，萬般皆命定。雖初學佛，我深信因緣果報，一日無意中看到網上一句「有醫生看到沒醫生，有宮廟問到沒宮廟；因果債，功德還。」臺灣中部某精舍標榜著不接受供養、不收費、不推銷、不強迫修行。單純義務專助有緣人調解因果事件，「真心織悔、仲裁調解、功德迴向」是精舍處理事件的原則。不勝列舉的問事者分享，藉由佛菩薩調解，將誦經功德迴向累世冤親債主，解冤釋結後不可思議的感應與轉變。

偏向薰習淨土法門，唯求懺悔念佛，縱使女兒生病無助，從未到處求神問卜，或仰賴任何宮廟，但查閱此精舍係以佛法度人，這句「因果債、功德還」當時確實是一股很大的說服力。

女兒服用UCLA腫瘤醫師開立的標靶藥，若藥效良好，預計三個月後安排切除手術。我抱著一絲期望，上網詢問精舍如何化解女兒的病業，希望小文能免於再度開顱之風險。精舍主事者擲筊請示，佛菩薩揭露了因果業由，並回覆欲解冤釋結，女兒需誦《金剛經》、《藥師經》、《地藏經》各一百八十部，家人共業，可以幫忙完成。天啊！媽媽一個人不可能二、三個月中誦完這麼多經，簡直是天方夜譚！

末路窮途，與其傷春悲秋，不如放手一搏。「連這個妳也信？會不會太誇張了！」同修的不解；「媽媽妳先告訴我，這有什麼科學根據？說得通，我就讀。」兒子的疑問；不得已跟女兒溝通：「妹妹，《地藏經》上說別人幫妳，自己最多只能得七分之一的利益喔！」「媽媽，我不會誦經，那妳一部經誦七遍，不就好了嗎？」小文還是一樣調皮的可愛。我想同修和孩子們平常連佛號都不念了，更遑論奢求誦經，這樣的反應，其實也不意外，不忍孩子有病在身，課業繁忙，服用標靶藥，體能每況愈下，就孤軍奮戰吧，相信自己的毅力！女兒不捨媽媽，終於自告奮勇，下課回家後，她可以「貢獻」一些《藥師經》，沒多久，《藥師經》已倒背如流。

突然想起當初請示精舍時，只急於了解造成頭部手術的因果，並未提到有關腦內神經瘤的病業。再次上網請示，佛菩薩開示這是不同的業因感召，需迴向的業主菩薩（註：該精舍稱冤親債主為業主菩薩）也不一樣。前後需要持誦的經加起來，約莫兩千部，因經文數量龐大，可以分段完成功課，分段做迴向。

面對即將手術的因果個案，為避免太多障礙干擾，最好先做滿功課完成迴向銷案，再陸續完成剩餘的功課。心想光是誦一部《地藏經》，嫺熟的話也要一個小時，有限時間內欲力挽狂瀾，簡直是不可能的任務！彷彿因果大清算，宿世業力排山倒海而來，小文的因果案例，佛菩薩與業主菩薩調解後指示我們的功課數量，在精舍創下前所未有的歷史紀錄，一「業」成名！

一盞沒關的燈

面對突發的千「經」壓頂，徹夜輾轉，還是起來趕功課吧！納悶著門縫底下透出的那一線微光，難道樓下那一盞燈，睡前忘了關嗎？悄悄推開房門——一個什麼都不信，連佛號都不念的同修，人不寐，竟然半夜偷偷為女兒誦經！孤燈挑盡任未眠，不想讓他看到的眼淚，是我們改變了世界，還是世界改變了我們？「妳也起來了？太好了，大家都睡不著！」無關痛癢的一句，隱藏了多少對孩子的不捨！或許爸爸在許多孩子心目中，是個一直拿不到滿分的角色，「樓下那一盞沒關的燈」，知道爸爸已經努力趕著交卷。

「最近還好嗎？想去找你們玩」，來自遠方親友的問候，怎麼連回「好或不好」都這麼難？以前面對親友同事的窘境，總想幫上忙，說上話，但往往不知如何得體應對，沒想到自己也成了別人想幫卻幫不上忙，想安慰又怕一不小心就讓善意走了樣的受慰者。近來怕說當時事，正好給自己假藉精進的理由，深居簡出，減少外緣，焚膏繼晷，埋首「追經」，「息交絕遊」原來也不失是人與人間最好的距離。

我深信誠心懺悔的重要，但自己根鈍福薄，趕交作業的讀經真有這麼大的功德迴向嗎？曾經矛盾的掙扎，無暇思及如不如法，當山窮水絕，生命中無奈的不可逆，只想罪從心起將心懺，祈求佛菩薩慈悲作主，冥陽兩利，讓孩子少些苦難折磨。日後曾聞濟佛開示，果然如是——業力現前，正是要我們集苦，藉著誠心念經，仰仗佛力加持，滅除身體的苦集；誦經「定」的當下，內化自己，漸見真道。

夜闌人寂，思緒難息，遙望星空，少年不識愁滋味，為賦新詞強說愁；而今識得愁滋味，欲說還休，欲說還休。面臨生命最大的悲哀，真正的愁，逢人也只能「卻道天涼好個秋」。多情明月應笑我，是古月照今塵？風月無古今，心懷自深淺，可不就是如此！

禱告

「暑假了，出去散散心吧，再這樣下去全家都快得憂鬱症了！醫生不是說想玩就去玩嗎？」孩子的建議，開始安排全家旅遊。媽媽再不出門，整天誦經，早已引起公憤，快被逐出門戶了！

五月底，慶祝哥哥生日，首選被形容為一生必去的優聖美地國家公園（Yosemite National Park），雄偉的圓頂穹丘和峽谷；向上延伸的晦暗森林；迤邐壯麗的白色山巔映著天際，每個景都燃燒著耀眼的美。「You gonna be fine」（妳沒事的）哥哥摸著妹妹那後腦微突的頭，歡笑聲中，或許是一家人用微笑掩飾著悲傷；用大笑藏匿著眼淚。在這景緻如「大自然的大教堂」中，如此奢侈天倫之樂，還能多久？天地悠悠，路怎麼走？仰望藍天，媽媽只能默默禱告祈求……。

六月中邁向妹妹旅遊清單中第二個願望——阿拉斯加冰河之旅，阿拉斯加之美就藏在靜如處子的峽灣和雷霆萬鈞的冰河之間。在家悶著趕誦《地藏經》，誦滿五遍畫一個「正」字，那一個「正」字不覺已經過了大半天！「媽媽，沒有人搭郵輪，還帶著《地藏經》啦！」儘管孩子苦笑著，放眼盡是浩瀚無垠的雪白曠野，令人屏息的剔透美景，「心如工畫師，能畫諸世間，五蘊悉從生，無法而不造……」這是全家另類人生之旅，一趟出遊，或許是在遠行與回歸間尋求生命的力量，孩子的陪伴，《覺林菩薩偈》的深刻感受，海角天涯的觸動，人生有些景色，是你永遠揮之不去；人間有一種愛，是無價的真實，卻也近到總令你習慣遺忘它的存在。

▲圖 3-2：2016 年 5 月優聖美地國家公園，歡笑的背後，藍天白雲修補破碎的心。

▲圖 3-3：阿拉斯加冰河之美中的歡笑。

▲圖 3-4：三人最喜歡的照片——活在當下。

▲圖 3-6：永遠童稚心的女兒。

▲圖 3-5：大學剛畢業，猶是少年不識愁滋味。

▲圖 3-7：甫入 UCLA ，陪孩子迎接另一新的未來。

四 我與濟佛的因緣

尋師訪道千里緣，千差有路入聖門。
前世不是一家人，今生不入一家門。

回美前受臺灣好友之托，轉交禮物予她長年居住在南加州的石姐。素昧平生，向來不善攀緣的我，按照以往個人的習慣一定是車開到門口，請石姐出來拿。生命中某些「偶遇」，一個念頭，一個決定，往往可能擁有或錯失一個不可知的因緣。那天心血來潮，連同修都認為我一反常態，只不過轉交個東西，竟然主動邀他一同禮貌性拜訪。興趣廣泛的石姐，如黃鶯出谷般的音聲，曾主持過佛光山的廣播節目，相談甚歡，得知其同修嚴重中風後，目前正接受一位大陸來的張醫師治療，復原神速。

「知道臺灣淡水有一尊濟公活佛嗎？聽說非常靈驗喔！下次回臺灣，可以去請示濟佛。」除了歷史小說外，對濟佛是陌生的，當時石姐的話在心中並未掀起太大漣漪。她續說道：「如果女兒能忍痛，不妨給張醫師診斷，看有沒有機會接受治療，張醫師很坦白，他治不了的病人也不會收。」當時印象仍粗淺停留在臺灣傳統的中醫或民間跌打損傷，竟然大陸有這麼多奇人異士，同修不免疑惑著這種治療方式對妹妹的病有效嗎？或許張醫師是一種能量醫學療法，既然西醫無解就姑且一試吧！

張醫師特殊的看診方式，不把脈、不開藥、不主張開刀、非針灸，認為腫瘤是體內的四大不調、阻塞不通，前所未見的獨門濟世療法，只見他似有一股神祕力量，牽引手中的小木棍在孩子身上敲敲打打，仔細端詳片刻後告訴妹妹：「妳的病應該可以治，只是病情不輕，需要長時間治療。」「可以治」就是一線生機，沒有比這枯木逢春更令人震奮的！

二〇一六年六月，小文開始接受新療程，從聖塔莫尼卡到聖蓋博（San Gabriel），心中的期待，讓遙遠的路程，忍痛挨打也甘之如飴。張醫師說最初治療妹妹時，感覺比一般人更耗體力，醫病關係因全家長期接受治療，兩家人反倒成了很好的家庭朋友。後得知濟佛告訴張醫師，背後那神秘力量的指導靈是達摩祖師。

候診時，牆上琳琅滿目的匾額，莫名一陣怦然心動，一幅濟佛的「妙覺之道」簡單非簡單，感覺已為張醫師加了不少分，想來此墨寶與張醫師必有甚深因緣。茶几上攤了幾本雜誌書籍，《我與濟佛的因緣》瞬間在眼裡擦出無以言喻的火花，一本淡水行天武聖宮發行的書，赫然發現作者是吳先琪教授！難道是同名同姓？迫不及待翻閱，首頁作者簡介上的照片，果然是他沒錯。吳教授與同修皆為環境工程領域的舊識，專業上常蒙受其教，光風霽月始終是產學界的一股清流，假日偶爾瞥見他牽著腳踏車，親民的身影穿梭在住家附近泰順街的傳統市場。

吳教授的公子小寰與兒子小祥是國中要好的同學，曾經走過共同的青澀歲月，極欲一窺究竟的是：一位馳譽學壇麻省理工學院土木環工博士、臺大環工所所長，顯赫的高學歷透過的是嚴謹思考，相信的是研究數據，是什麼樣的因緣，驅使這位德高望重的百世之師與宗教文化發生共鳴，替濟佛寫書？又是什麼樣的動機，一位大陸來美的無神論者張醫師，會皈依在濟佛門下，竟對臺灣的濟公如此虔信？前幾天石姐不經意的一席話，在我心中漸漸迴響了！

草草瀏覽了《我與濟佛的因緣》，神通渡化外，慈悲的法味串聯在每一故事因緣中，感人深省。請教張醫師如何與濟佛結緣，方才驚覺，世間真有如此神功莫測之事！小時候看過一次乩童，用尖銳寶器槌打自己，幫信徒驅魔鎮煞，血流如注下的印象，只能說是望而生畏。以往未曾深入宮廟文化，上網蒐尋，意外看到早期濟佛天人合一，對門生開理的錄影片段，從此顛覆我封閉的思維，原來這尊佛會說法開理。雖然只是幾句簡短開示，正是受用無窮的生活禪，當晚請兒子小祥趕緊聯絡吳教授的公子，設法聯絡吳教授，請求幫忙引見濟佛。

及時雨

小寰的穿針引線終於聯繫上吳教授（當時還沒有 Line），那晚正好是吳教授與其同修曾教授，欲前往蒙古共和國出差的前夕，吳教授略聽我敘述後：「這件事還是由我太太跟妳談，她會比較清楚。」旋即將電話給了曾教授。與曾教授素昧平生，彼端越洋電話的雪中送炭，是如此無距的溫暖，慈母心的曾教授了解小文病況後，認為非同小可，應儘快處理時，吳教授說他正在 email 給我們，關於武聖宮例行週末請法程序。然而，曾教授認為按照一般的請法可能緩不濟急，我們大老遠由美專程回臺，一來週末宮裡請法不一定如期辦理；二來請法者眾，名額有限，萬一掛不上號碼，錯失因緣。（後方知武聖宮的週末請法是難以置信的超級秒殺）曾教授耐心解說，建議我們提早回臺，等她從蒙古返臺翌日七月十八日（二〇一六年農曆六月十五日），依例為宮裡共修日，可以帶我們進宮參拜，屆時俟機行事，應該有因緣可以請示濟佛。

配合曾教授時間飛回臺灣，約好去臺大宿舍接她，剛好在我們臺北老家附近，熟悉的巷道，此時初識伊人的心情，竟比當年與同修初次約會更憧憬更悸動！曾教授身上，平易近人中散發一股學者的書香致遠，修行人的氣質。原來《我與濟佛的因緣》之前還有一本曾教授所著《哈佛沒有教的課：濟公活佛在臺灣》，慢慢才了解原來二位大教授是當年佛陀身邊的阿難。因為他們的「如是我聞」親聆濟佛講經開理，因為他們的長時費心據實記載，後人方能藉由他們精湛深入淺出的「文字般若」，濟佛此世倒駕慈航語妙天下，具普世價值的經典語錄得以如暮鼓晨鐘，振聾發聵啟迪人心，時時觀照自己心生智慧，契入宇宙人生的「實相般若」。

曾教授即使僕僕風塵難掩倦容，一路的關懷，如月灑清輝，相談甚歡，清風明月伴我行，迫不及待尋找那疑惑於心，無法想像的人神相會……不知不覺來到傳說中的「行天武聖宮」。八勢路山邊，初夏的淡水夜空，生命在逆轉中……。

非常感謝曾教授和吳教授，在瀕臨崩潰邊緣時，一場人生「及時雨」讓孩子得以重生；因為這場及時雨，讓我們踏進溫暖的武聖家園；懵懂入山門那一刻起，千差有路，從此讓我們步步探玄門中三千大千世界之浩瀚，見證何謂佛法無邊。

武聖之門，為芸芸眾生敲響了幸福解脫之門。

相遇自是有緣，不管是人或透過文字相遇都是如此美麗；《我與濟佛的因緣》原來不是別人的因緣，是「自己」；《我與濟佛的因緣》天之涯，地之角，原來只有一本書的距離。

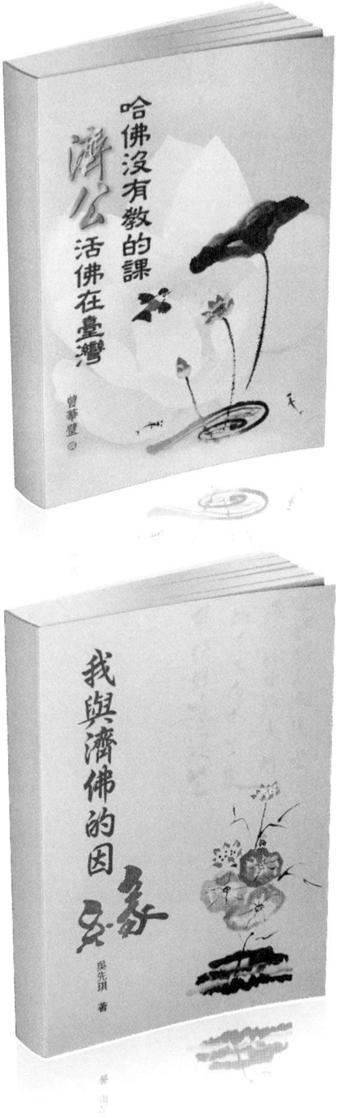

▲圖 4-1：引入濟佛家門的二本書。

五

娑婆中的明珠——修緣醫院

芸芸眾苦誰明瞭，一曲來去知玄妙。
憶佛念佛終見佛，一拳釋我千煩惱。

從未見過越夜越美麗的宮廟，曾教授尚未介紹玄微師時，腹有詩書氣自華，在眾人中不自覺目光已被象王菩薩旁，一股仙骨非凡，俊秀脫俗的年輕人所吸引，他果然就是玄微師！從容自若地教我們先去禮佛，沒有太多交談，睿智的炯炯目光，淺淺微笑頷首中彷若已鑑往知來。

禮佛，人生第一次感受手中那一炷香如此沉重，隱含了多少辛酸與依託，香插在香爐那一剎那，心彷彿也定了下來。

無法聯想的時空背景，期待著親睹《我與濟佛的因緣》筆下濟佛的相好莊嚴；殷盼著親耳「如是我聞」的娑婆梵音。李白酒中有仙，嗜酒見天真，濟佛曾有「削髮披緇已有年，唯有詩酒是因緣」之唱，望著濟佛手中的葫蘆，想來當是「吾有一瓢酒，度盡天下愁」。

濟佛興駕，感受到一股無以倫比的能量氣場，剛開始濟佛並沒有特別留意我們，初次參加共修，不好意思擠在前排，遠觀著簇擁在濟佛旁的芸芸眾生，他們為法來？抑或跟我們一樣內心世界波濤深邃，但卻是你我相望，「示現一切苦，各各不相知？」隨緣渡眾的濟佛，只一笑；笑開天下古今愁，善巧方便點愚蒙。原來佛道本是一，分別是自己。

今晚可否有因緣？熱心的曾教授伺機欲趨前請示，「等咧才閣講」（臺語：晚點再說）濟佛輕聲的回覆，教授開心像孩子般跟我們比個 OK 手勢，表示有希望喔！

一曲歌　聲漫漫　望見朝陽

夜暮低垂，法音盈耳猶未絕，人潮漸退，師兄姐們進大殿，淡淡哀傷弦律的「女人花」，訴說著醉過方知酒濃，濟佛行雲流水般地揮灑，令人不覺沉浸在祂那一拳風采中，思緒在柔美曲調裡一點一滴被挑動，驀然轉身，看著我和同修：「你們女兒頭上有兩種瘤，裡面是多發性中樞神經纖維瘤，外面的瘤現在正在發炎中。」一聽當場愣住，這麼艱澀的醫學專有名詞，一般人記不得，祂怎麼一字不漏講出來？難道我一念方起，濟佛立知？

此番輕靈飄逸神氣之美，豈是人間有？不一會兒濟佛順水推舟般靠過來，慈悲說道：「不用擔心，只要找對醫生，找對醫院，就有救！」不禁思忖著，臺灣罕病族群稀少，相較美西醫界翹楚的 UCLA 醫院，應該是力有未逮，對的醫生，對的醫院究竟何在？臺大、榮總、長庚？「請示師尊，醫院是在美國？還是在臺灣？」曾教授的筆記早已在待命中，眾人企盼著呼之欲出的答案，濟佛卻仍自在拳舞，緩緩地四兩撥千斤，轉身遞出一句話：「去找修緣醫院就好啦！」語驚四座，修緣醫院在哪？臺北市？沒聽過，這名字聽起來像是中南部的醫院，眾人切切私語著。「再想想，連『修緣』都不知道！」濟佛一語，曾教授瞬間恍然大悟，不禁莞爾，修緣醫院不就是當下眼前的濟佛！（「李修緣」乃濟佛出家前的俗名，當時我和同修孤陋寡聞，若非曾教授指點，真的連「修緣」都不知道，慚愧至極。）

想起有本書「深夜加油站遇見蘇格拉底」，書中蘇格拉底是位慈悲幽默的智者，飛了十幾個小時返臺尋覓，今晚「深夜淡水遇見濟公活佛」，西方人「一味」的心靈雞湯，遠不及臺灣「十全」的心靈「濟」湯。

腦中正盤旋著小文仍在學期中，又是研究計畫的助理研究生，暫時無法回來的疑慮時，濟佛彷佛早已看穿，「你們為女兒已經操很多心，做很多事了，師尊會救你們的女兒，放心！我去美國救她，她很快就會好，神不會騙人！」又指著同修：「這个喔，免插伊（臺語：這個人，不用理他）！」濟佛的慈悲，簡單幾句，竟能如此刻骨銘心的震撼！句句觸動心弦，此時「十方如來憐念眾生……憶佛念佛，現前當來必定見佛，去佛不遠，不假方便，自得心開。」《大勢至菩薩念佛圓通章》滾滾法輪映在眼前！

歌聲溫柔擁抱了荒蕪之心，照進暖陽；那一拳疏朗了困頓的疑惑，邈遠無望的未來似已不再全然黯淡！直指我心的一拳，僅那一拳，感受祂的萬語千言；不捨有情的一眼，僅那一眼道盡佛愛無邊。「觀」那一招一式，盡是不可言的妙法「音」！

一場花開花落的邂逅，千山萬水終盼一雙溫柔手，撫慰孩子心中的悲痛……生命因愛動聽，濟佛的愛與慈悲，早已令我婆娑了雙眼。迴盪中的「女人花」對浪潮襲捲而來的惆悵，寫下了最關愛的註解；靈氣拳，那一優雅「轉」身，慈悲的為我拂去憂傷，冥冥中已鋒迴路「轉」，為孩子「轉向明日朝陽」。那一夜，濟佛那最輕柔的一拳遠勝任何強大力量，默默地穿越同修桀驁不馴鐵壁的心牆。初聞不知曲中意，再聽已是曲中人……。

風雨人生，儘管此處料峭春風吹酒醒，微冷；但，彼岸的濟佛，早已山頭斜照卻相迎。

臣服

回美前最好的安排，因緣際會，正巧趕上了農曆六月二十日至二十四日（二〇一六年），淡水行天武聖宮啟建「關聖帝君聖誕祈福禮斗法會」。劉姥姥進大觀園，從未親自參加過法會，看到什麼是莊嚴神聖的壇城，見識什麼是禮斗；見證神佛的大威德力；更感受到師兄師姐一襲黃衣在酷暑中，仲夏炎炎不敷衍，揮汗如雨，充滿道喜。在這樸實大家庭中，濟佛教化下，個個默默培福，看不到時尚世界的紙醉金迷。

「你們必須多多參與法工，誠心向關聖帝君發願，願藉此身好好行善樂施，積功累德。」「從法會開始就吃素，直至師尊到美國救女兒為止，以後牛肉最好不要吃。」

濟佛的聖示歷歷在耳，雖然濟佛沒有要求孩子吃素，但當時想還是打電話回美，叮嚀孩子們同步配合，女兒回說短期吃素勉強可以接受，但是完全不吃牛肉，斬釘截鐵一句「I can't」（我不能）。

被濟佛指定加入輪值守夜的同修，濟佛的神通威德，無所不知，無處不在，明顯有被「嚇到、電到」！那是一種感動，打從靈氣拳的夜晚，便觸碰到心底，深思著「怎麼會這麼神通廣大」？原本在美國初次跟他提及《我與濟佛的因緣》這本書時，看似不置可否；原本認為這座宮廟小怪怪的，怎麼不是放佛樂而是放流行歌曲「女人花」？原本覺得這間宮廟常有些人噪門大聲了些……幾天法會的操練，自認「原本」的傲慢心層層褪去；光怪陸離的現象漸漸看順眼了，慢慢融入這大家庭，躬體力行，開始體會「做」的法喜。一分誠敬得一分利益，十分誠敬得十分利益。流汗那一刻，做中學，學中覺，「搬柴運水皆禪道，語默動靜體安然」，絕非坐在蒲團上才是悟道參禪，我想或許這勞動作務的當下，就是濟佛要我們體會真正的「原本」。

「不會吧，連這個祂也知道！」在濟佛面前，自認天衣無縫的「祕密」無可遁形，神通攝眾對鐵齒鋼牙的人，果然立竿見影，接納、包容、轉變，那種無言的喜悅，讓我深深感受「臣服」的力量。

「呷奔囉！」（臺語：吃飯了）大寮廚房媽媽親切叫吼著，大家飢腸轆轆排隊夾菜，簡單的廚房設施，竟呈現滿桌的素食佳餚，疑惑著為什麼沒人等住持，就各自開始用餐？師姐告訴我們這是一個家，呷奔皇帝大，有空的人就先吃，沒有誰等誰。原以為用餐必須如佛教齋堂般嚴肅禁語，這個家親和隨興的溫馨，惜福愛物的簡樸中，卻見佛道高峻嚴謹的一面，真是徹底顛覆傳統印象中對宮廟的看法。跟大寮媽媽們漸漸熟悉了，方才覺得彼此大吼小叫聲中的「鄉土」是現實生活中最缺乏，卻也是最高尚純真的一種質素。

一個樸實溫馨熱鬧的家，江蕙一首〈家後〉歌詞中「才知幸福是吵吵鬧鬧」，有歡笑、有爭吵、有包容，這才是幸福的家。

法會第二天，濟佛開示後特別送我們各一本《濟佛禪心》（註：濟佛禪心為行天武聖宮出版之系列小冊，內容為濟公活佛開示之禪理與法語），濟佛要我們誠心翻開一頁，該頁文詞就是濟佛要送給我們的法語。闔眼信手一翻，那一頁濟佛的開示是：「夫妻兒女相處之道，如放風箏，雖握在手中，一緊一放，卻是訣竅。」

剎那間心潮洶湧，愛是無辜的風箏，拉扯最在乎的人，雖在眼中，匆匆地遠去，任其遨翔天空，心中卻不曾瀟灑闊別！情不重不生娑婆，人生酬業，今生再來續緣的，無非剪不斷理還亂的愛恨情仇，豈能不好好觀照這顆心，而任其千瘡百孔？濟佛希望弟子掌握深情而不「滯」於情，相伴而不相「絆」，愛而無礙，無傷悠遊於情中。彼此相濡以沫的關懷，亦能相忘於江湖的淡然，隨手捻來濟佛送我的話，只道是「高山流水，一語相知」；這一「頁」寫盡多少人的「業」感人生。

世味豈有法味濃，濟佛的慈悲饒益有情，總令人感受無比法喜，七月溽暑的夜晚，心若敞開，清風自來。

▲圖 5-1：2016 年農曆 6 月 20 回臺，首次見關聖帝君降駕。

▲圖 5-2：帝君降駕，玄微師臉上明顯看出「鬚」長義更長。

六

失魂落魄

業力如鷹無遁形，病遇醫王夢初醒。
因果三世難道盡，許我重生為修因。

初入武聖家園，濟佛降駕，新生菜鳥不敢擠在濟佛身邊，懵懵懂懂在旁觀望，法會第三天晚上，濟佛竟然走過來：「恁查某囝幾年前發生車禍，還記得嗎？地點大概是北臺灣往海邊路上，代誌還沒完喔，車禍時有一條魂魄落在現場，要卡緊將那條魂魄收回來……人有三魂，囡仔欠一條魂，身體按怎醫，攏袂健康啦！」支離破碎倒帶的電影隨著濟佛的話，幕幕在我腦海拼圖，觸疼了心底沉睡的往事。只是，濟佛怎麼知道這段不忍回想的往事？那是往福隆公路上，想到女兒魂飛魄散，陣陣鼻酸心寒。

穿梭時空，濟佛還原了五年前的車禍現場，業力的痕跡，佛眼難逃！濟佛聖示我們要去肇事地點祭拜、超度外還要放生。隔日一早，玄微師就請大總管妙香師姐，帶我們至關渡宮市場買放生用的泥鰍。唯恐疏漏，途中還不斷遙控叮嚀細節。當時只覺得這一位師姐也太強了，什麼都難不倒她。

原本預計禮斗法會圓滿即返美，女兒收魂事大，濟佛交代必須在回美國前辦妥。只剩兩、三天的緊迫時間，玄微師知道我們的能耐，一定是處理的哩哩落落，特別請宮中大將楊師兄全程帶領。忙碌的楊師兄法會期間，行程幾乎滿檔，一切就是那麼巧合，都是最好的安排。楊師兄只有七月底週末兩天有空，同修與楊師兄喬好七月三十一日星期日（二〇一六年）前往，電話才剛掛斷，楊師兄又來電：「玄微師指示提早一天，七月三十日週六就去」，同時交待備妥必要的祭拜品。

故地重遊景依舊，不堪回首幾多愁，這條曾經茫茫黝暗生死交關的濱海公路，豈知那也是「人生逆轉」之路。途中前輩楊師兄娓娓道來濟佛的慈悲神蹟，一路笑談令人幾乎忘了這世界曾有的烏煙與哀傷。閒聊中的楊師兄突然頻頻打嗝，跟同修說：「車速可以慢一點，快要到了！」「就在這裡，是嗎？」熟悉的場景慢慢掀開那將結了痂的傷，揹著令旗的楊師兄，引領我們向當地「管轄土地公」請求協助，祈求事情得以順利進行，原來認知中的土地公菩薩，負責統領了這麼多事！

震驚的是，楊師兄不僅已感覺到當時的車禍現場，同時還指著右前方交叉路口的一棵樹，說女兒當時被撞飛的受驚魂魄，已躲藏在那樹下好幾年了，一直不敢出來。楊師兄一說，前塵影事，模糊了雙眼。一場車禍，讓孩子多年來無家可歸，險做離鄉背景魂。原來這幾年，女兒臉上稚嫩笑容的背後，曾經無可閃躲的駭懼，隱藏另一深處的惶恐寂寞，不堪的苦雨淒風。

一棵樹，與你會是什麼樣的故事因緣？自從遇見這棵曾經是女兒保護傘的樹，更懂得珍惜自然，尊重生命，即使不知其名；即使與你只是擦肩而過；一切萬物法性平等，在於我們如何看待，情與無情同圓種智。

若無濟佛，孩子浪跡無依的靈魂，不知還要漂泊多久；若無濟佛，斷梗浮萍的心，依然流離失所；若無濟佛，繁華落盡歸塵土，猶在迷惑娑婆。

神在辦案

楊師兄全程引導我們焚香祭拜，誠敬稟告諸神佛及在地諸靈，呼叫小文的魂魄，隨後將其魂魄小心翼翼收攝在衣服中，再放入黑傘內攜回。濟佛指示，回家後要用紅布將衣服包好，帶去美國，等待祂八月初至美國弘法時，會為女兒辦理三魂歸體。

祭拜完，邀請楊師兄順道至家中小坐，剛到家門口，準備拿鑰匙，楊師兄就接到玄微師來電關心：「師尊傳訊：恭喜一切圓滿。」才剛坐下喝第一口茶，手機又響：「師尊問：『怎麼沒有把剛才現場撿的石頭和收魂魄的紅布放在一起』？」連親自辦案的老前輩自己都忽略掉的細節，濟佛可是一路層層嚴密把關，前輩笑說：「看，這下又被抓包了！」「又被抓包？以前曾發生過？」不禁好奇問前輩，「四常喔，攏抹凍凸搥，伊啥米攏災」（臺語：常常發生，都不可以出差錯，祂什麼都知道）楊師兄笑回，再次驚嘆見證這尊佛的「無所不在，無所不知，無所不能」，終於體會絕不可以凡人之心臆測神佛！濟佛答應要去救小文，祂必然全程督導，且分派護法神，時時護衛弟子，完全不須等弟子回報，祂就能隨時掌握一切眉眉角角，必要時給予指示。

昔日盛名一時西方福爾摩斯也好；當今的漫畫柯南也罷，這些被塑造洞察秋毫虛構的大偵探，甚至中國的福爾摩斯通天神探狄人傑，故事編排再精彩，「辦案如神」的抽絲剝繭睿智機敏，也完全無法想像「神在斷案」的神乎其技，令人拍案叫絕。

「因果不空，猶若老鷹盤旋空中，一旦落地，因果昭然。」濟佛藉此開示，讓眾生知道因緣會際，受果報當下，三世因果，罄竹難盡；甘心甘受都無怨尤，因為一切無非咸其自取，自做自受。當然，我們清楚明白，若無濟佛，爪利如鋒眼似鈴；老鷹，一旦落地，無助的我們是遍體鱗傷，只能任其抓攫，無以招架的！

七

無遠「佛」屆

濟世人天千里行，佛法無邊降甘霖。
慈航倒駕不捨眾，悲憫滄桑覺有情。

八月二日（丙申，二〇一六年）回美，記不得搭乘了多少次飛機，從未留意過機翼上的航行燈，微光閃爍，在這寂靜的夜空中如此明亮指引著方向。冥冥大夜中，東西迢迢終於找到了那一盞明燈，滔滔苦海內，讓孩子重燃一線生機，再來仰望這滿天繁星。淚乾了，那道溫暖的光，安身立命的幸福感，帶我告別絕望悲傷，陪我踏上歸程。

來去匆匆的二週目睹了一場法戲，沒想到自己也軋上一角。臺灣是我的家，本該熟悉的一切，陌生的情節，竟是回臺前完全無法想像的！人生，千古輸贏下不完，若說浩瀚虛空是濟佛掌中的大棋局，我們是否就是這宇宙棋盤中，星羅棋布的一顆棋子？每顆棋都各有其定位，展現個別戲劇張力，進退之間在這空中領略佛的大智慧？佛眼中生命沒有勝負輸贏，超越生死，思緒盤旋在這水月舞台即將開局上演的「因果棋戲」中，不知不覺飛機已降落在洛杉磯機場……。

一趟二千三百公里的飛行，一趟喚醒自己的旅程；算得出的是里程數，尋回的是無價的人生。

八月六日、七日，期待已久的濟公活佛法駕洛杉磯弘法活動，喜訊傳來，美國弟子和信眾們雀躍奔相走告。我們也請在美國的兒子先行報名，加入請法行列。時光荏苒，據說離上一次濟佛來美弘法，已三年餘，懸懸而望的濟佛禪風，過海飄洋，風吟加州任清涼。想來我們就是《金剛經》上「當知是人不於一佛二佛三四五佛而種善根，已於無量千萬佛所種諸善根」，方能值此大好法緣躬逢其盛。

▲圖 7-1：2016 年 8 月 6 日，濟佛師尊法駕洛杉磯，請法前開示。

跟隨濟佛，開始體驗「人生第一次」，正因為數不清的第一次，生命更彌足珍貴也更精彩可期。第一次在美國看到什麼是請法，原來請法基本上是問事，簡單隆重的請法會場，是美國熱心師姐提供的，踴躍的人潮，請法前濟佛先為弟子與信眾們開示，我們都是活在「情世間」（有情眾生）與「器世間」（物質環境，山河大地），勉勵大家要用感恩的心活在器世間；以珍惜的心看待情世間。信眾全神貫注，不時報以熱烈掌聲，法水入心田。濟佛簡單的開示，禪機無限；高深的法，大道至簡。

請法者眾多，濟佛自下午兩點開始辦事，直到晚上八點多才完成所有請法的濟世工作，望著那一間小小請法室，在這請法室門一開一關之際，門外的焦慮惶恐；門內的解惑感動，臺灣隨行的師姐忙進忙出。這請法室外城市的千門萬戶，人生不就是在這無數門的開開關關中歷事練心，學會成長茁壯？國外真是想像的黃金殿堂？真有當初的夢想？或許得到想要的，卻又失去曾經擁有的。臺灣到美國，再文明的地方，不一樣的眾生相，訴說一樣的世間八苦交煎。也只有慈悲仁慧的濟佛，能照耀看不到的角落，為我們另闢一扇窗。

由於要替小文靈療較為費時，因此安排在個別請法結束後再專案處理。濟佛說：「靈療完一個月後，再去檢查，就會明顯的不一樣。」在場大部份都跟我們一樣，第一次見識靈療，在那四十幾分鐘為小文持香靈療的過程，香煙裊繞薰得幾乎睜不開眼睛，望著濟佛，紺目三分眼，觀盡天下，看穿六道苦，不捨有情；世人凡眼，所見盡是迷惑顛倒，妄想煩惱。濟佛對孩子如此寬容慈悲，玄微師及隨行師兄姐們，一路從臺北、西雅圖、舊金山再到洛杉磯，日夜兼程卻毫無倦容。第一次感受到弘法利生，護法者一樣功不可沒，致力分享佛慧的芬芳。濟佛的千里渡眾，也讓我們步步領略祂的無遠「佛」屆，法力無邊。

回歸的靈魂

原本一無所知的孩子們，看到千里跋涉而來救渡的濟佛，那一念心徹底被啟迪了，心悅誠服於濟佛的慈悲教化。一個即將枯竭凋零的生命，因跨海來的甘霖再現火花。末後的重頭戲：從臺灣帶來女兒的另一條魂魄，濟佛重新安置了那一「脫軌」多年的靈魂，讓孩子三魂一體，回歸正常。

靈魂急轉彎的一幕給媽媽深深的啟示：我們飄泊「失序」的心，不記來宅在何方，久涉寰塵已背忘，是否也該返迷歸真，還至本處！

▲圖 7-2：2016 年 8 月 8 日濟佛法駕洛杉磯弘法聖會圓滿晚宴，玄微師旁為曾教授、吳教授及張醫師伉儷。

八

法衣遮圍

眾裡尋祂千百度，驀然回首，祂，卻在燈火闌珊處。

為什麼我會突然生這麼大的病？為什麼世界上這麼多人，偏偏就是我？為什麼這麼不公平？濟佛為了讓孩子明白「為什麼」，晴天霹靂的背後——欲知前世因，今生受者是。退駕前對小文說：「妳今晚睡覺時，會做一個夢，我會去找妳，妳明天要告訴師尊，到底夢了什麼喔！」

翌日小文依舊是最後一個壓軸，所有請法圓滿，濟佛叫喚：「小菩薩來，可不可以跟大家分享一下，昨晚夢到什麼呀？」靦腆的小文描述著：「昨晚太累，一回家就倒頭呼呼大睡，沒有特別去想做不做夢，迷迷糊糊的印象大概是：不小心犯了殺業，月黑風高被一群人緊緊追殺，只能四處藏匿，感覺似乎被人發現了，非常害怕，幸好濟佛出現，用祂身上穿的『法衣袈裟』一揮，把我整個遮圍罩住了，讓那些人找不到……。」

眾目睽睽下，這件「法衣袈裟」要告訴我們什麼？濟佛這時善巧地為孩子解夢，希望讓孩子了解因緣果報，濟佛當下不刻意去強調已造作的前世，「業障、輪迴」對一個毫無因果觀的孩子是何等抗拒與恐懼。藉因緣說法，更重要的是祂要教導眾人，人身難得，好好藉假修真，行功立德；諸惡莫作，眾善奉行。每個人都要歡喜接受人生中所遭遇的好壞順逆，那都是自己該得該受的。未遇濟佛之前，看不見的前世，佛教所謂「因果業力」在這個家是難以被認同接受的，濟佛藉夢解夢，循序善導令孩子知其因；師尊解惑，也讓孩子知道懺悔的重要，所有惡業永不復起，更不復作；夢醒，就是懺悔修行的開始。

說夢就夢，夢中做主何其難，真是太不可思議了！那一場跨越時空「夢入昔時說因果」，解答了孩子心中一萬個「為什麼」，讓孩子接受自己，接納那顆瘤。一場石破天驚的渡化，不僅是女兒，也震撼教化了在場每一位信眾弟子。

「黃家這兩個孩子有優點，也有缺點，放心，我會看顧教導他們。」濟佛慈悲地對我們說，同時教孩子跪下，告誡他們：「父母親千辛萬苦遠渡重洋，一番折騰從美國找回臺灣，好不容易找到師尊；再回到美國救寶貝女兒，為人兒女對父母所有的一切，都要心存感恩喔。」

濟佛要二個孩子抱抱爸爸媽媽，女兒被命運判刑以來，曾經念頭閃過究竟是來勢洶洶的「死刑」，頭外罕見惡性肉瘤先到？還是判「無期徒刑」的腦內中樞神經纖維瘤先發病？或許等不到折磨的無期徒刑，三十多歲的生命將盛情結束，果真如此，對孩子也是最不受罪的解脫……全家第一次擁抱，封存已久無助的沉默，嘩一聲奔瀉而出，隱忍不住早在內心竄流的滾滾淚水，在濟佛面前，才有這勇氣卸下武裝的自己，面對不敢想像的未來！

紅塵蒼茫，風雨無常，原來我們並沒有被世界遺棄，被殘酷孤立；更沒有讓我們枉做風塵客，四處尋醫，求神問卜；原來看不見的盡頭還有深藏的佛愛。回想二月中，併購前公司的美國大老闆帶著家人來到臺灣，孫子說在他心目中臺灣票選最高的旅遊景點是平溪放天燈，這也是我們第一次跟著老外，一起感受懷舊嘉年華會的盛況。在那幸福小鎮，紅男綠女每個人或許都在尋求自己的夢想願望，媽媽的

▲圖 8-1：2016 年 8 月 6 日，師尊為女兒靈療。

▲圖 8-2：2016 年 8 月請法圓滿，濟佛師尊賜同修「大賺一筆」。

眼淚與祝福隨著天燈冉冉上昇，蔚藍晴空一片燈海中，有一盞飛揚著「寶貝女兒平安健康」，祈求心願上達天聽。是否當時濟佛尋聲救苦，聽到媽媽心中的吶喊，遙遠的哭泣了？重見天日全家擁抱的一刻，在旁的師兄姐們莫不動容，尤其千里一線牽的慈母曾教授，儘管淚水早已滴落手中的筆記本，感性多情的她，仍不忘理性認真盡責，當稱職的阿難！

請法圓滿後，濟佛一一嘉許主辦法工們的辛勞，同修居然也榜上有名，受寵若驚地接受「大賺一筆」聖禮（後得知此筆乃長和師兄發心訂製，請濟佛大力加持），濟佛說這「一筆」是將來要「一心一意」護持聖業，同修方才恍然大悟，自己第一次到武聖宮時在關聖帝君前的初發心，需要時將竭力貢獻所長。

聖嚴師父曾說：戲外看戲不知戲，夢中作夢不知夢。人生如夢何時覺？孩子的一場「夢中夢」，濟佛的善巧，夢中做佛事，讓我們朦朧的眼，梳理因果，夢中知夢，生命的大禮，都是自己送自己，用的包裝不同罷了，濟佛的慈悲，拆開層層包裝，讓我們看到生命的真相。

千里迢迢，人海茫茫，感恩遇見祢帶我們穿越生命風暴，讓我們讀懂人生。

濟佛慈悲

請法室的一角，師姐忙備文房四寶，原來濟佛欲賜墨寶予弟子。翰墨飄香盡芬芬，揮毫落紙如雲煙，第一次目睹神佛即席揮毫，只見祂在紙上信手揮灑，筆走龍蛇。正當意猶未盡，師姐們好像準備收攤，偷偷請教曾教授，我們可以跟濟佛請求賜墨寶嗎？「妳可以試試看啊！」曾教授的話，讓我鼓起最大勇氣趨前：「濟佛，我們有這福報擁有您的墨寶嗎？」既期待又怕被傷害，濟佛的一笑一塵緣，「嗯，妳想寫什麼？」一聽暗喜有希望了！「都可以，只要是濟佛賜的，字字是寶。」濟佛當下神來之筆，輕輕一揮而就，落成了「濟佛慈悲」璀燦的永恆。

回家

曾經是業力下孤獨無助的流浪者，漂泊在凝望故鄉的路上。二〇一六年八月七日請法圓滿，全家在美國皈依濟佛門下，眼眶的淚水，是經歷風雨終於「回家、歸根」的喜悅。濟佛日後曾開示：人生都是為了追求一張紙，汲汲營營為了一張張有效證書。在我心中的皈依證是人生唯一一張沒有賞味期限，事上不僅是皈依濟佛門下；理上「回」歸覺、正、淨，自性圓滿究竟的「家」。那張無形的皈依證，承載著無盡的佛愛，一種深刻的連結。方便多門，回到（道）就好；家，自是不歸歸便得，故鄉風月有誰爭？多少年來世間尋，尋來尋去無蹤影，今日歸根佛所印，始知彌陀在自心。

昨夜西風凋碧樹，獨上高樓，望盡天涯路，尋尋覓覓，原來——「夢裡尋祂千百度，驀然回首，祂——卻在燈火闌珊處！」

九　一個月的奇蹟

業力障礙消除，福報不求自來，
道種植心深處，緣熟自得花開。

UCLA 醫院安排小文九月七日（丙申，二〇一六年）照 MRI（核磁共振），檢查時間竟然碰巧是師尊為小文靈療後整整一個月。九月十三日下午陪著孩子回院看檢查報告，忐忑期待著師尊說的：「一個月後就會明顯不一樣！」艾伯爾醫師緊盯著電腦，手中滑鼠唯恐錯過任何影像上的蛛絲馬跡，驚喜閃耀的眼神「It's gone！」（腫瘤不見了）連他都難以置信，腦外的瘤不是縮小，而是 MRI 完全照不到了！其實

▲圖 9-1：一個月的奇蹟，業力障礙消除，福報不求自來。

就外觀觸感上，摸起來感覺已經慢慢消了。醫師認為這段時間，原本姑且一試的標靶藥，試用在小文身上，竟然發揮最大療效！誰又知道發揮最大療效其中暗藏的玄妙？

記憶裡從未如此步伐輕鬆地踏出這家醫院，一回到家，妹妹跟哥哥說：「好像很久沒看《濟佛禪心》了，來看看師尊今天要跟我說些什麼話？」虔誠闔眼，翻開的那一頁寫著「業力障礙消除，福報不求自來。」「好準喔！不就是指今天看檢查報告的結果嗎？」多久未曾見妹妹如此開懷展顏了！欣喜若狂難以言喻的感恩，全家頓時如釋重負，恰恰好不多不少一個月的奇蹟，一個月立竿見影，碰巧又是媽媽的生日。一切都是師尊賜予的，原來媽媽最珍貴的生日禮物是孩子的健康平安，人原本很單純，曾幾何時開始隨波逐流，落入望子成龍，望女成鳳的期望中？孩子不要輸在起跑點，要求名校、要求高薪、要求盡孝道……貼上層層標籤，用一輩子去尋求人生的價值，卻忘了已經擁有的美好。當基本的「健康平安」不可求，何來要求？

「告訴你們喔，師尊真的超級厲害，上個月第一次替我靈療時間很長，我很不乖，沒考慮師公累不累，站到後來腳有點酸，第二天開始靈療，心想如果今天可以坐著該多好，沒想到念頭才剛生起，師尊立刻請旁邊師姐拿張椅子來，不多言，繼續靈療。」妹妹感動訴說著，這只存在於她和師尊之間的小秘密，一段溫暖靈療小插曲，偷偷許願的一張小椅子，佛的慈悲流淌在一家人歡笑聲中。

五分鐘的玄奧

弘法行程圓滿，回臺前師尊指示妹妹持誦《高王觀世音真經》，此外媽媽每日為她念十五分鐘《濟佛讚偈》。原本鐵齒又不愛出門的兒子，翌日竟主動載媽媽開了二小時車，只為了去找美國一位師兄傅瑞迪，索取這次請法時，會場播放的音樂 CD，想讓開始適應誦經的妹妹，在悅耳佛樂中定心做功課。也積極詢問如何請到《濟佛禪心》，希望寄這本「東方聖經」給跟他一樣，曾經迷惑中的朋友。草創初期玄微師來美國弘法時，沒有屬於自己的道場，有關弘法書本資源取得相當不易，武聖宮垂手可得的結緣品，當時在美國是如獲至寶，甚至張醫師還自印觀音佛卡、濟佛讚偈佛卡與病患結緣。

原來兒子自己悄悄報名請法，師尊幾句話，士別五分鐘，刮目相看。書本有限，兒子用手機拍下濟佛法語傳給親友，師尊指示為女兒做的功課，媽媽只做了一天，接下來都是疼愛妹妹的哥哥主動代勞。每天放佛樂營造請法會場氛圍，為妹妹念《濟佛讚偈》，陪妹妹誦經。從此家裡、車上「五月天、動力火車」消失了，聽到的是感恩的心、紅塵菩提、滅定業真言……有一句話說百句的是父母，是為嘮叨；有百句話說一句的是師尊，此謂禪機。

家裡不知什麼時候開始收到落後貧瘠國家，孩童的父母寄來的卡片，「師尊教我要多行善！」妹妹開心回信給那些認養的窮苦孩子，師尊一句話，她默默利用當助教的獎學金，認養窮苦兒童。「媽媽，妳看這小女孩長大了耶！」妹妹分享一個捲毛寶寶的照片時，家徒四壁難以形容的貧窮，因為那是連牆壁都沒有的家，寫在黝黑小臉上的天真無邪，那種滿足於什麼都沒有的純真笑容，是都市文明富貴家庭中，什麼都擁有的孩子嗅不到的。妹妹也感染了那天真的笑，這份喜悅不是去outlet刷卡買名牌精品犒賞自己感受的到，也讓媽媽反思，需求的背後其實是匱乏。

「媽媽，我不再吃牛肉了，管它霜不霜降，和不和牛。」想當初要求孩子不要吃牛肉，斬釘截鐵一句「I can't」（我不能），現在是開心的「I will」（我願意）。讓善種子萌芽，孩子從中體認惜福感恩，自己真正不住相布施，眾善奉行！而這心念中的轉變，人間有愛，讓孩子「甘心眾善奉行」的增上緣是……無二無三，一歷耳根、眼根永為道種，正是師尊對濟青們「五分鐘的玄機」。

十 濟佛慈悲

曾經滄海任沉浮，繁華落盡歸塵土。
浮水蓮花河邊坐，慈悲道場躍然出。

人生淚雨中升起的彩虹最絢麗，「業」盡晴空，一往如昔的煦和日暖；熟悉的醫院，走過的路曾經遍布荊棘，而今終於坦蕩如砥。希望遠離病苦糾纏，告別一翻兩瞪眼的宣判。

美國醫生仍堅持認為，目前腫瘤雖然消失了，但根據之前臺灣出具的病理報告，切除的安全範圍不夠深廣，唯恐治標不治本，醫院接觸過的病例，此腫瘤好發率極高，妹妹還年輕，強烈建議最好能再次手術，徹底清除病灶。儘管醫生大費周章地安排檢查，我們還是決定放棄開刀，服用完剩下的標靶藥物，暫時只接受張醫師治療。院方無奈地要求小文簽切結書，表明自己願意承擔所有後果。

張醫師認為標靶藥等於是毒藥，持續為女兒敲打排毒，多少減輕了標靶藥物引起的副作用。以往張醫師都是先闔眼念咒，再開始用小木棍敲打，一日治療中，他突然脫下鞋，恭敬頂禮四方，嚴肅說道：「師尊來了！」前所未有的舉動，只見他自抽屜取出香來代替平日慣用的小木棍，張醫師說他平常不拜拜，因為昨晚第一次夢見師尊指示他要準備香，今早才特別去買了一包，他不知道香的用途，沒想到這麼快就派上用場。

妹妹感覺那天「點香療法」很像師尊上次為她靈療，在旁靜靜觀察，那一舉一動簡直是師尊的手法。張醫師妙手仁心，師尊這次來美特別賜他「佛手」，請他去西來寺接「佛手」，用「佛手」代替小木棍懸壺濟世，必能節省時間，救助更多人。甚是好奇如何接佛手？據張醫師說他去了西來寺，一進莊嚴的大雄寶殿，當下的感動讓他不由自主五體投地，虔敬頂禮中，朝上的雙掌，難以言喻的感應道交，自然很快就相應到佛慈悲賜予的佛手了。一見師尊就恭敬頭面接足皈命禮的，目前見過的弟子中，只有張醫師！那份自心化為行動的誠敬，不是表面的行禮如儀，真是我們該學習的。

美國濟佛慈悲道場

師尊回臺前指示，我們美國住家可以考慮換屋，幾個月來焦頭爛額忙著房子買售。仰仗帝君師尊加持，一樣在我們喜歡的 Santa Monica（聖塔莫尼卡），終於如願找到人神同喜的好地方。

多年前，前輩師兄姐們就曾發心，想在加州找個好地方，設立行天武聖宮美國海外分道場，惟當時因緣未具足，一直沒找到適當的處所，因為師尊在此次美國弘法圓滿後，告訴眾弟子：「希望下次來，可以有自己的地方，小小的草寮也好，不要再跟人家借場地，麻煩別人了。」此次主辦美國弘法的一位師兄知道師尊要我們換屋，就請同修也順便幫忙尋覓合適做為道場的物件。回臺經請示宮主及玄微師後，帝君應允進行，因緣的不可思議，當處理個人房子時，無獨有偶約莫同一時間在Riverside（河濱市，川邊）的住宅區中，找到一處玄微師隔空看過認可，帝君師尊賜杯應允的風水寶地，此地扶木蒼翠，花影飄香；結廬在人境，而無車馬喧，Riverside河畔的修行淨土——「美國濟佛慈悲道場」應運而生了！很多人不解，偌大的加州，何以挑選這麼偏僻的地方？這次的過程讓我們大開眼界，凡夫肉眼現場看的，跟神佛隔空衛星定位撿擇的就是不一樣。

道場的成立，玄微師親自全程督導，對聖事的堅持，每一環節的眉眉角角纖悉無遺，更加佩服其韜光晦跡的大師風範。莊嚴簡約之壇城設計，彷彿武聖宮的縮影，別於傳統宮廟雕樑畫棟，典雅西式的建築外觀，沒有任何宗教的象徵下，難以置信這是一座清淨的道場，承載著東西文化的交流，為此地注入許多正能量，讓金髮碧眼不懂中文、刺青來拜拜求法的，也能感受到不一樣的祥和與寧靜。美國Riverside河畔的一方淨土，固有的佛道文化融合了西方的人文氣息；優雅的住宅區隱含了東方的莊嚴

▲圖 10-1：一朵端坐蓮花的濟佛慈悲道場已於 2017 年（丁酉年）獲美國政府核准為合法宗教法人機構。

▲圖 10-2：加州 Riverside 河畔一方清淨修行之地。

神聖。不僅是接引有情眾生，更是肩負渡化三曹的神聖使命。

二〇一七年（丁酉年）六月美國政府核准為合法宗教法人機構，是淡水行天武聖宮海外第一個道場，師尊說：「道場坐東朝西，地理同於母宮行天武聖宮，一朵端坐蓮花上的道場，是清淨修行的好地方。」師兄姐們同心協力，一起看著道場從無到有的成長，大家的願力，內心的感動喜悅，遠勝於自己購屋置產。因為參與，所以快樂；因為快樂，所以分享，一切都是最好的安排！

人生宛如境中花，心知西方是我家，身處萬丈紅塵中，進入道場，香煙裊裊，靜穆莊嚴，相較城市的人車鼎沸，慈

▲圖 10-3：慈悲道場門匾為前國防部長馮大師兄所題。

悲道場圈住了一方難得的清淨，那一方清淨是我們身心靈休歇處。道場成立時，同修請示師尊當如何命名？師尊笑回：「名字早就賜給你啦！」仍是一頭霧水，就「濟佛慈悲道場」啊！道場大門匾額可是頗有來歷，由我們最敬佩的前國防「幾霸分」部長馮世寬大師兄所題，「大鵬展翅越江山，橫掃千軍跨海來」。能得到大鵬師兄珍貴墨跡，為道場增添莫大光彩。

生命像恆河沙，如微塵空中飄，風裡轉，不知道我們將會遇見誰？哪一天又離開？這顆偶然非偶然的塵土，飄落在感恩的這片土地，法水潤滌，佛光普照 Riverside 河畔大地。道不虛行，遇緣則應，濟佛的慈悲為本，渡我們入了家門，讓我們學習慈悲戲看人生。

緣（原）來如此

行到水窮處，坐看雲起時，「濟佛慈悲」一幅墨寶是劇本埋下的伏筆？是演繹妙法的開啟？還是那道不盡的因緣相續？若是因緣，是否因緣深處，藏著我們的約束，此生才會相連喜樂與悲苦……。「緣」來如此，幾年來隨師尊薰習，繫緣修心，師尊說的：「修元（緣）則圓」，慢慢從中體悟生命的「原」來如此！

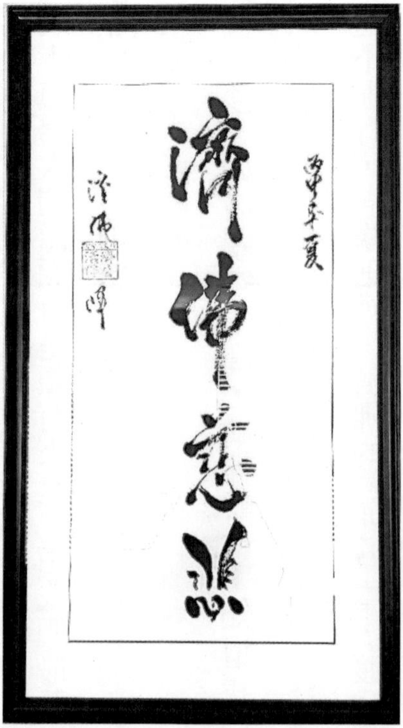

▲圖 10-4：2018 年 8 月 6 日　濟佛賜墨寶「濟佛慈悲」，此幅墨寶現懸掛於美國道場，願人人莫忘初衷。

十一 慈悲跨越「西」望

濟佛光降遍地春，佛道雙修傳明燈。
慈雨均霑悉蒙潤，悲心度眾迷歸真。

十方來，十方去，共成十方事，萬人施，萬人捨，共結萬人緣，期待已久的濟佛法駕南加州，二〇一七年八月（丁酉年）終於在此地布慈雲兮灑甘露。
壇城在玄微師緊密監工下，如期完成，濟佛金尊於八月十二日良辰吉時入火安座。正式揭牌歷史的一刻，碧空萬里，普照大地，濟佛光降美國；法雨均霑，悉皆蒙潤，妙法住世千秋。祥雲滿天，群鳥來儀，此時傳來「阿、阿、阿」聲聲烏鴉叫喚，師尊說烏鴉叫聲是奉獻了大自然宇宙虛空的「嗡、阿、吽」。靈鳥烏鴉啼叫，意在讚揚師尊光降美國，同時也向眾生報曉：「濟佛妙法出世間，眾生有所依歸。」

前幾年師尊來美弘法利生，都是借用場地，大家的發心與願力，濟佛金尊安座那一刻，不禁喜極而泣，千里越洋，我們擁有自己心的道場，西方濟佛家園了！

此行特別安排八月二十日在Pasadena 帕薩迪納希爾頓大飯店舉辦一場隆重弘法大會，玄微師如昔沉穩淡定中，流露純真的經典笑容，無須濃墨重彩去描摹，只是輕描淡寫地訴說。古之為士者，微妙玄通，深不可識，玄微師常謙稱自己是一個普通人，「平凡示現非凡」的他，如實依教奉行，「慈悲靈感濟公活佛」在他一生傳奇感人之旅，幽默生動中領略了智者風景；登峰造極之境，不愧是師子兒，隨師（獅）後，九歲便能大哮吼（玄微師九歲開始開壇濟世）。

弘法會中臨時穿插我們全家上臺做見證，離家多年的兒子，分享為什麼放棄喜歡的美國環境選擇回臺灣，除了想多陪妹妹外，也想回臺灣追隨師尊和玄微師。青澀的歲月，曾經任性耍廢；曾經豪氣萬千；曾經跟著玄微師一起行腳，體會什麼是一心奉道，看到何謂智者情操。兒子形容不用等師尊降駕，玄微師就是不著法衣；不持法扇葫蘆；滴酒不沾的平凡師尊，一起席地而睡；一起洗髒襪子……當自己還在盲從世間名聞利養的光環，迷惘年少的風花雪月時，玄微師早已肩負巨輪。人生總在遇緣不同，能有此福報追隨真實的大善知識，一生學不完的智慧。

從小就是家裡的小太陽，負責掃除陰霾的妹妹，分享從她罹患罕見疾病，師尊專程赴美救她的歷程。小文同學的乾弟弟長了跟她頭外一樣的惡性腫瘤，動了手術，命運之神卻沒有給那年輕人機會，不到一年離世了！是師尊的眷顧讓她能僥倖存活至今，感恩爸爸媽媽為她的付出，祈願自己的小命被救渡的有意義，不能辜負師公的慈恩。多少人不捨於一個小女孩，本該屬於人生勝利組的錦瑟華年，卻歷經了滿目瘡痍；多少人震撼感動於濟佛遠赴千里的威德慈悲，忍不住頻頻拭淚。回首前塵，恍若隔世，又歷歷在目，言有盡，意無限，不能自已的哽咽涕流似已無聲勝有聲。

▲圖 11-2：兒子小祥跟著玄微師幾天行腳，體會何謂動中禪，何謂智者情操。

▲圖 11-1：2017 年（丁酉年）8 月 12 日玄微師迎請濟佛金尊入火安座。

▲圖 11-3：2017 年（丁酉年）8 月 20 日在帕薩迪納（Pasadena）弘法大會，全家做見證，小文泣不成聲。

弘法末後的最高潮，玄微師天人合一，為大家做總加持。闔眼觀想中，會場很多人都感受到那一股不可思議的慈悲加持力，如電流般盈貫全身。對在場信眾而言，即使有些年輕人聽不懂中文，在那當下，絕對是極致的感官禮讚。散場了，「南無濟公活佛」歌聲漸遠，感動的餘溫，方寸間，佛愛綿綿在蔓延。

妙法除疑銷霜雪

接連幾場請法，場場爆滿，「師姐，請問一次只能問一個問題嗎？可不可以多問？」常面臨信眾的困擾，人生似乎就在那張問事單選項中，五欲六塵，無法脫出的框架桎梏。請法問事單只是方便流程記錄，神通廣大的師尊，當天以何因緣來的，眾生若干種心，師尊悉知悉見。不用問診，直接對症下藥，甚至還沒輪到號碼，師尊早已把信眾困擾的問題寫下來等候了。一張問事單，一個人生故事，談笑間常常一語禪機破迷障，令人豁然開朗。

自從識得濟佛尊，始知過去枉費神。

師尊強調，信眾來道場，主要不是「問事」，而是「接緣」；請法前開示的契悟，請法後演「法要」，有利根的信眾聽完前開示，要求撤回請法單，「我知道該怎麼做了！」一心開意解已得到「法藥」。師尊是應病與藥，佛說一切法，為度一切心；若無一切心，何用一切法？試問古來名醫，高僧大德中幾人有此能耐與智慧？

八月二十七日下午首次皈依大典，社區車馬盈門，絡繹不絕，儘管盛況空前，卻井然有序，年逾八十的師兄，烈日下志願當交通指揮。師尊曾說：「創濟佛淨土，橫遍十方」是祂的天命之一，在這純樸河畔小鎮，皈依那一刻，入了李家門，濟佛一家親，何復分東西？嘖嘖稱奇的是，此次臺灣大總管妙香師姐剛好帶來七十七串佛珠；適逢臺灣農曆七月七日；美國印製了七十七張皈依證；不多不少正好七十七人報名皈依！

記憶猶新，正當皈依儀式準備開始，「等等，再加一位！」在外師兄叫喚著，原以為沒有皈依證可以填寫，就讓孩子先進來跟著完成莊嚴儀式，末了還真出現最後第七十七張空白皈依證。生命的課題，總是沉重，這孩子認不了幾個中文字，從剛開始懵懂叛逆，吸大麻輟學，行為乖戾，精神狀態出了大問題，媽媽能拜、能求、能醫、能消業障的都做了！尋覓了十年，直至遇到師尊，期間出了一次車禍，車起火全毀，同車二位朋友各輕重傷，皈依的佛珠毀了，人竟毫髮無損。

肇事後一段時間，不可能的事發生了！孩子轉念了，毅然主動停藥，申請研究所，浪子回頭金不換，這一連串不可思議的改變，身為孩子的母親，沒有比這更值得安慰與感恩的！「七七」對我們或許只是個數字，對那孩子，是與師尊「續緣」，是一個重生，是一個家庭的圓滿！這股在美國弟子眼中「超自然力量」，抑或年輕人認為的magic（魔法）施予的，對生命價值、人與人間情感連結有著深遠的影響。遲暮之年的媽媽也好，全身刺青、嗑藥的孩子也罷，此地是西方一處伊甸園，一座跨越時空永恆的橋樑。年少的語言，文青的電波，師尊老人家讀得懂；棘手的盤根錯節，師尊佛眼中迎刃而解。「濟佛修行風」不分基督佛陀，佛的教誨，普羅大眾皆能心領神會。

師尊的愛是灑在久旱加州的一場甘霖，一場法筵，無量法緣，多少人因此絕處逢生，敲響幸福之門！看到了《法華經》「如彼大雲，雨一切卉木叢林，及諸草藥，如其種性，具足蒙潤，各得成長。」

逆境給了我們一片大海

但見曹溪水，門前坐春風。昔六祖居曹溪一地，「曹溪一滴水」流遍天下，濟佛妙法西來，入此土，每一個人都可以做「道濟一滴水」。所謂「泰山不辭土壤，大海不厭細流」，江河湖海也是靠著這一滴水匯聚而成今日「山河大地春」。師尊曾問弟子如何讓掌中一滴水不乾涸？答案是「投入大海中」也！自己就是那一滴水，徜徉在濟佛的娑婆若海，廓然瑩徹周沙界，永不乾涸。感恩逆境，給了我們一片大海。

再美的花也會凋零，但凋零還是風景；再暖的加州也會入冬，但冬天的加州依舊溫馨。八月三十日玄微師一行回臺，丁酉年美國弘法行畫下了七七大圓滿的句點，這句點是終點也是無盡的起點。

茶道一如

乘著師尊的翅膀，一起遨向我們的天空——臺灣淡水行天武聖宮，仰仗師尊赴美的威德力，二〇一七年（丁酉年）農曆十月初二師尊成道日，首次最多美國弟子攜手回臺參加。飲水思源，一探傳說中的母宮行天武聖宮，感受什麼是神威顯赫香火鼎盛；什麼是不一樣的法會。從來沒有聽說過任何宮廟，能如此讓人著迷，如此真實的「哈佛」（套用曾華壁教授所著《哈佛沒有教的課：濟公活佛在臺灣》，哈，追求迷戀也）讓人情不自禁地，想要努力去深入探索，擁有更多。

▲圖 11-4：2017 年（丁酉年）農曆 10 月初二師尊成道日，「茶道一如」翰墨飄香。

茶葉，是這次法會佈置的主

題。師尊優雅揮毫「茶道一如」，眼前這尊歡喜佛，字字般若如一杯上好香茗，深值細品。師尊寓道於茶，種好茶，首重環境，要能忍得住風吹雨淋，記得法會前師尊曾問弟子們，繁複的製茶過程，每一流程都不容忽視，但最重要的階段是什麼？答案是最初之摘「茶心」也。弟子們千里跋涉，萬般追尋，不正是期待著虔摘師尊之「心」，捻師尊之「法」嗎？經歷歲月的沉澱，雖然之前多半時間在美，但只要一歷耳根道濟禪師開示，慢慢參悟無上「心法」，懂得在一段茶香裡尋得初心，覓得歸處。品一壺香茗，攬一縷清風，禪心化纏心。在此清風明月下，唯有空杯以對，方能傾入師尊無限的禪水，細細品嚐這沉澱後濃淡冷熱總相宜的「茶道人生」。

明月如水，烏鵲東飛，求法心切，很多第一次「飛」回家園的美國弟子，繁文縟節的科儀或許不懂，但法會中只要能見到師尊，「展翅飛翔」的「哈佛」追師期待，足矣！師尊的觀機逗教，渡眾總有當下不同的因緣，用心「摘」心，不虛此行，這一趟入寶山，弟子們個個滿載一船星輝。

十二 山雨欲來風滿樓

本以世間從此了，業起雲湧又一濤。
佛恩浩瀚難回報，飄風驟雨不終朝。

「媽媽，我的後腦勺好像又有一些突起，跟之前一樣耶。」微顫的手摸著孩子的頭，該來的，果然疾如旋踵（腫），令人措手不及。

決定放棄了西醫手術，每個禮拜二、三次接受張醫師治療，一年多的太平盛世，殘酷考驗什麼時候再度悄悄來襲？二〇一八年二月孩子學校實驗室研究告一小段落，跟教授請了假，飛回「修緣醫院」看診。臺灣正值過年期間，武聖宮的家一直是飄泊遊子停靠的港灣。二月二十四日（戊戌年，農曆正月初九）欣逢玉皇大天尊聖誕，子時祝壽過後，聆聽師尊慈悲開示，師尊的魅力，只那蒲扇輕風逍遙來，煙消雲散心自開。

隨後師尊引領全家，祈求玉皇大帝慈悲做主，開恩赦罪，為女兒祈福求壽。為了救孩子，師尊帶著我們，竟不惜以佛之尊，不顧冷硬的地板親自一再跪天求天，叩首時佛帽掉了，眼角餘光中驚見祂老人家因頻頻磕首，前額紅腫流血了！千言萬語都無法形容的一幕，不忍的心在滴血，眼中的淚不只是為孩子，更感動於師尊的慈悲，此情此景，深烙於心，佛經上的「無緣大慈，同體大悲」這一刻深深體會了。

思忖著：定業難轉，一切都是自做自受，今生何德何能，讓不捨有情的師尊為無明造業的我們如此委屈跪求，不離不棄？師尊教全家發大願，唯有願力大過業力，才有希望轉動命運。一起虔誠懺悔跪求玉皇大天尊開恩赦罪，讓妹妹渡過此劫，媽媽自我要求茹素，雖然只是長養一點慈悲心，孩子說：「媽媽，我該受的，為什麼是妳吃素？我當然也要跟進。」一切自有定數，聖杯難求，徹夜反覆擲筊落地聲，震碎了我們的心；木已成舟，業力難敵，一個如芒在背的漫漫長夜！

這場膠著，終究還是得仰賴師尊來拍板定案，為孩子擲筊請示，師尊神威果然不同凡響，掛筊落地，一筊穩穩懸掛在天案的神桌裙布上，玉皇大天尊看在師尊佛面上，終於賜聖杯，但刀關之災仍在劫難免。天理昭彰，我們清楚明白，一切順應天理，不昧因果，色身該受仍需受。因果如雷霆萬鈞，排山倒海而來，我想這或許也是師尊在神佛界中無禁無忌，放手一博「撩落去」為孩子背書承擔吧！

不覺宮裡常住已準備俸早香，晨霧迷漫中，「擲筊聲」猶在心中此仆彼起，遙望朦朧的淡水河，恰似籠罩著銀灰色的輕紗，黎明前一道曙光，展開一日的生機蓬勃，然而此刻的心卻恰似山雨欲來風滿樓！

女兒愛玩園藝，特別在她房間外，規劃了一處迷你花園，向來綠意盎然的小花圃，什麼時候悄悄萎頹飄落一地殘枝枯葉？「媽媽，這些花草跟房間小主人一樣全都生病了嗎……」

三月二日（農曆正月十五日）天官大帝聖誕，師尊請師兄取下圍繞天案旁的甘蔗（代表天門），將甘蔗套在小文身上，我們不懂其中含意，想來應是祈願神佛能量加持，賜福平安。師尊聖示，三月七日回美前請玄微師帶領全家，前往中和地藏庵和臺灣省城隍廟拜拜。玄微師親自出馬，就是一股安定的力量，然而一再反覆擲筊祈求的過程，心裡有數，需面對的前路遙遙，千溝萬壑。城隍菩薩指示農曆八月（二〇一八年）小文要回臺灣，恭印一千本《地藏經》結緣；至宜蘭玉尊宮拜拜。回美國期間要誠敬勤誦《地藏經》和地藏王菩薩聖號迴向因果主。

心中清清朗朗，萬里無雲的狀態可以維持多久？煞時再一閃電、一響雷，風起雲湧，此時又當如何？曾經以為就此風平浪靜，所作業不亡，因果一旦貼上標籤，無可逃；命運的安排，業力如鷹，該來的，師尊已讓我們漸能隨緣以對生命起落中，再次掀起的浪潮。

▲圖 12-2：師尊擲掛筊，一筊穩穩懸掛天案神桌裙上。

▲圖 12-1：2018 年 2 月 24 日（農曆正月初九）玉皇大天尊聖誕，師尊為女兒擲筊。

▲圖 12-3：2018 年 3 月 2 日（農曆正月 15）天官大帝聖誕，師尊將天案（天門）甘蔗套在小文身上。

▲圖 12-5：抽到大師兄的祝福紅包。

▲圖 12-4：2018 年 2 月（戊戌年）回臺欣逢武聖宮不一樣的過年。

▲圖 12-6：小文第一次開心呈上微薄過年紅包給師尊。

十三 四川情懷

天府緣深來相迎，哪吒祖庭修梵行。
無心插柳柳成蔭，歷史重現燃舊情。

二〇一八年三月中，四川江油翠屏山哪吒祖庭住持張道長應邀來臺，參加文化交流，德尊望重的張道長，學有所長外更精通道醫，玄微師不放棄任何可以幫助妹妹的因緣，千載難逢，建議妹妹不妨讓張道長診斷看看。初見道長，身似鶴形，仙風道骨，頭挽道髻，鳳眼眉疏，十足修道人氣質，然而其人望之儼然，即之也溫。道長認為多些治療調整定有助益，惟來臺公務繁忙且停留時間短促，將來有機會歡迎去四川找他。

（因媽媽未隨同修及女兒前往四川，下文四川部分耳聞自同修，謹略述之）

因緣際會，配合張道長方便的時間，四月三日同修帶妹妹初至四川江油尋訪高人。道長接風洗塵，得知妹妹正在服用中藥（同門師姐介紹臺中一位中醫），道長立即引見師承名門之好友孫醫師，幾人一見如故，相談甚歡。妹妹的罕見加罕見，對純樸的四川更是聞所未聞。

年輕的孫醫師任職於江油市中西醫結合醫院，在成都頗富盛名，掛號一位難求，偌大的醫院，幾乎一半以上都是他的病人。孫醫師先為妹妹調整虛寒體質，開好藥方，就到醫院附近的「熙和堂」藥鋪子抓藥、煎藥，純樸小鎮不甚起眼的「熙和堂」偶爾也成為以藥會友的心靈解放所。

四川行前師尊即已聖示，妹妹此行必須住在翠屏山上哪吒祖庭道觀裡，每日到「觀音殿」虔誠懺悔誦經，調柔靜觀；暮鼓晨鐘感受那無絲竹亂耳之清淨莊嚴。張道長隔幾天就為妹妹整脊打通氣脈，華燈初上，山上廟裡蚊蟲固定報到上班，想到師尊說的「普庵咒」，清涼音中真能謝絕蚊蟲造訪。妹妹乖乖做完功課方才下山，「熙和

▲圖 13-1：2018 年 4 月 3 日同修和女兒拜會四川江油張道長，道長為女兒治療。

堂」堂主隆哥，孫醫生的好麻吉，早已熬好熱騰騰的藥，等候妹妹到來。江油二週自由行，在道觀及孫醫師門診看病時，父女倆認識了不少聽來似懂非懂，四川鄉音的婆媽好友們，熱情帶妹妹出遊嚐當地美食，異鄉的善緣，讓身為異客的父女倆「樂即思蜀」！

離開學校甚久的妹妹，早該回美上課。告別江油，遵照孫醫師開立的藥方，因美國中藥昂貴且種類不齊全，特地從臺灣提著二大皮箱滿滿的中藥材回美，連月來媽媽也被訓練成美國的「熙和堂」煎藥堂主，從此家中瀰漫濃濃中藥味，希望帶來的草藥少一包；腫瘤一分消，熬藥過程文火中，藥湯咕嘟咕嘟沸騰翻滾，熱氣氤氳，熬的不是草藥，是期待，是希望。

媽媽三天兩頭就摸摸孩子的後腦，每早上學前，痛苦捏著鼻子猛灌的那一碗湯藥，不覺已服用三個多月了，仍感覺不出腫瘤縮小，「中藥本來藥效就比較慢」成為我和孩子心中彼此安慰的藉口。對孫醫師來說，遠方的小病人是第一也是唯一病例，鞭長莫及，孫醫生建議有空找時間回四川複診。

運木古井

臺灣帶來二大皮箱的希望似乎落空了，七月下旬陪同女兒利用二週假期返臺，同修帶妹妹先赴江油，孫醫師重新開了三天藥方讓孩子服用，三天後再複診，父女就近住在醫院附近的飯店，利用時間回哪吒祖廟參拜，順便拜訪好友。闊別數月，熙和堂的弟兄們得知有朋自遠方來，免不了又是一番小酌怡情，人到中年，與三五好友享受片刻把酒言歡，是種難得的奢侈。

早在四月初造訪江油時，父女遠道求醫的因緣，深深感動了孫醫師及其弟兄們，對這平凡純樸小鎮來說，應該是大新聞一則。好友建哥提及要帶同修去看一處「濟公井」，建哥說當年濟公到四川化緣建寺木頭，是從該井投入，再從杭州淨慈寺的井冒出。因緣不具足，當時同修因未聞此軼事，且初見面不好意思麻煩人家，予以婉拒。此行建哥再度熱情邀約，拜二〇一八年中華濟公文化節之賜，上個月甫隨武聖宮師兄姐們至杭州尋根朝聖，淨慈寺印象猶深，第四天看完診，父女二人便與孫醫師家人搭乘建哥車，前往綿陽的西羌神木寨一窺究竟。

四川之美睜眼皆風景，約莫四十分鐘車程抵達，果然有一古井，井內尚可見一根大木頭，鄰近看管此地的婆婆出來介紹「方圓百里每遇乾旱，惟靠此井救旱」。「祈福亭」旁傲立一尊濟公神像，同修隨興將此景拍照傳予玄微師，未逅十分鐘後玄微師回電，交待同修趕緊附近採買香燭，向濟公尊前恭敬持香稟告，擬請井水回宮，並代稟告「若因緣成熟，玄微師將率團前來謁祖」。同修請了十二瓶井水，回臺立即進宮繳旨稟告，帝君法會第一天，師尊降駕即對同修說：「我有跟你去，你知道嗎？」法會期間特別兩次加持井水讓在場師兄姐們分享，原來看似「無心插柳」，都是師尊「最好的安排」，時時照顧看著我們「柳成蔭」。

末學不是歷史學者，無能力做嚴謹考證，個人上網查詢記載：據說此源頭「運木古井」昔日道濟禪師受方丈之命，重建祝融災後的淨慈寺，一個跟斗翻到了四川西羌之地，即現今的川北井泉村。川北林木茂密，井泉村村民聽聞道濟為重修廟宇而化木，毫不猶豫就答應了，並且全村合力砍伐了百根木頭。

淨慈寺距井泉村相聚幾千里，正當道濟設法，如何將百根木頭運過去，井泉村一年高德卲的老者告之，如此多的巨木，只有走水路方才可能在最短的時日運至淨慈寺。無奈位於群山中的井泉村，附近並無能承載巨木運送的河流。此時，道濟看到村頭的一口老井，當下欣喜大笑，手中蒲扇一扇，法力一施將百根巨木依次投入這口古井之中，不到三日時間，百根巨木便從淨慈寺後的醒心井中冒了出來。

道濟利用古井運木一事傳出後，當地村民發現原來此井得天護佑，井水清甜可口，能治百病，無論天乾大旱，此井水未曾乾涸。從此，當地村民將此井奉為神井，改名「運木神井」，又名「木頭井」。同時也將所在的村子改名為井泉村，寓意應井而生，應井而存之意。

同修和妹妹再度四天短暫的四川江油行（二〇一八年七月二十三至二十六日），不單單是跨海尋醫，更是一趟尋獲在巴山蜀水中的「秘境」資產，一場絕美風景人文的邂逅，一趟不能遺忘的珍貴歷史尋根之旅。

▲圖 13-2：2018 年 3 月小文初至哪吒祖庭禮佛。

▲圖 13-3：2018 年 7 月同修及女兒
與孫醫師家人初訪運木古井。

十四 陪伴

萬里長風相與行，青山綠水知我心。
鴻飛迢遞向誰去，只為彼岸慈父情。

江油回臺，妹妹特地留下來參與八月初的帝君聖誕法會，由於仍需返美上課，三月初城隍菩薩指示的功課之一，恭印一千本《地藏經》，正好利用回美前圓滿。法會近尾聲，全家開著車，從北至南到各鄉間寺廟歡喜結緣地藏經，回南部看可愛的阿公。

喜愛沿途綿延如塔型傘般舒展的樹海，層層葉梢間灑下的暖陽，錯落一地粼粼光

▲圖 14-1：妹妹和哥哥至各寺廟歡喜結緣地藏經。

斑。公公曾告訴我說那叫小葉欖仁，一如它可愛的樹名（欖仁，音如攬人），慢行林間影落落，寄情天地心悠悠，一抹對大自然悸動的情愫重新燃起。家人平安在一起就是幸福；能靜觀一花一葉就是自得；手中結緣出一本本的經書就是喜悅。

跟了師尊，安定的心，行住坐臥中，欣賞到平凡的美和生命的婉約，領會到大地的寬博和微妙，感受到處處都是大自然的慈悲喜捨。

師尊曾對我們說在佛眼中，生命是不生不滅，祂對世間生死看的很超然；對情愛看的很淡然。一般凡夫俗子對情的牽掛，無法承受生命中的驟然失去，祂會努力讓可愛的女兒多「陪伴」爸爸媽媽幾年，讓感情深厚的一家人在世間多享幾年天倫之樂，不要讓殘酷死神那麼早就把孩子帶走。為了世人這奢求的「陪伴」，玄微師默默為眾生付出的，亦非常人能想像的無私大愛。

婆娑樹影中，不禁回想著淨空上人對母親的思念：母親在時，不覺得兒子是一種稱號和榮耀；母親沒了，才知道這輩子兒子已經做完了！老和尚這段緬懷讓母親早逝的我久久未能釋懷。是的，再也沒有人期盼我初二回娘家，每次回臺北上班時總是大包小袋，好像出了家門，什麼都攏買嘸。身為人母，孩子多叫一聲媽媽，都是一種溫馨盈懷；能傾聽孩子的心情，都是一種幸福母愛；因為一聲媽媽，一聲嗨，知道孩子色身還在，能剪斷的是血肉的臍帶；割不斷的是情感的臍帶。厚地天高，堪嘆古今情不盡，感性如我放不下孩子，又怎看透「這世間，情不為何物」？

曾聞「陪伴」是最長情的告白，一份無可取代的禮物，感恩師尊讓這個家在早已寫好的生命腳本裡，額外擁有這份本來不存在的「陪伴」；也因奢求的「陪伴」，支撐著一家的幸福，孩子沒有在生命中提早離席，讓我們懂得珍惜尊重，盡本分演好自己的角色；讓我們在加演的劇本裡發現更多生命的美好！

小當家的女兒週末假期不是跟同學朋友享受青春，而是上網做功課，帶著全家出遊。病發那年的暑假，安排了波特蘭賞花之旅，撒嬌地說：「媽媽，我知道妳愛花，爸爸愛旅遊、愛美食，如果老天施捨讓妹妹多活幾年，妹妹就可以常帶你們出來賞花，到處吃喝玩樂喔！」「可是媽媽，我不知道自己還有多久……」豔陽下波特蘭漫山遍野，姹紫嫣紅迎風搖曳的燦爛花海，曾幾何時風雲變色成無邊業海？

牽著孩子的手，一個田野拔出來的小紅蘿蔔；一棵矮樹上摘下來的小藍莓；烈日下吹來一陣微風，都會為這個家帶來會心的微笑，感動大自然的美好，日常的瑣碎，都會成為生命的火花。若說人生是一場漫長旅行，旅遊行程可以規劃，人生呢？墨鏡遮得了夏陽，掩不了心傷；無語問蒼天，惟有淚千行。醫生無情的宣判，孩子是否能如願見到明日朝陽？等到來年繁花綻放？

花開花落終有時，相逢相聚本無意，緣在；彼此攜手觀花，緣盡；也希望真能瀟灑各自攜香歸去，愛而無傷。

候鳥相與還

八月十二日回到美國，鴻雁行千里，春北秋南，初心不改，相約群飛，矢志不渝。異鄉遊子不也像那候鳥相與還，總會飛返美麗的溪山；只為故鄉對旅人殷勤的呼喚；只為求法心切追師的慈愛溫暖。這段時間來，臺灣美國往返如梭，想起余光中的「鄉愁」——原來「鄉愁」是一片茫茫的海洋，我在這頭，武聖宮在那頭；「鄉愁」是一張窄窄的機票，我在這頭，師尊阿爸在那頭。

離家數日，門前最愛的楓樹不覺已漸漸凋零。「生如夏花之絢爛，死如秋葉之靜美」泰戈爾這句詩描繪了人這一生，無論什麼時候都是最美的。歷經風雨，世事的滄桑，生命的美好和無常，更能理性坦然面對了；再看落葉之美，或許因它將歸塵土，因它短暫，更懂得珍惜擁有的每一天。師尊的潛移默化，心能慢慢轉境了！

候鳥南飛，人生的方向，比行進速度來得重要。小時候的圓規能畫圓因為圓規腳動，心不動；若心定，腳不動，無以圓夢。師尊就是那看著我們的圓心點，幸福為半徑，再高再遠，確立方向，圓自己的夢想。

▲圖 14-2：姹紫嫣紅的燦爛花海可知我心。

▲圖 14-3：物換星移，門前的楓樹是否已凋零。

十五 中秋誰與共孤光

建法幢，十方歸。靈山會上儼然會，
法雨潤澤利人天，法音宣流遍沙界。

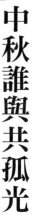

又是一年秋風時，楓紅萬點添相思，師兄師姐們引頸期盼著玄微師一行九月十二日（二〇一八年、戊戌年）再度法駕來美，「不見濟佛方一秋，問君多少別離愁」想來最遙遠的距離不是天涯海角，是思念！

八月下旬師兄姐們利用週末發心回家淨山，美國師姐們居住的豪宅，多半都是固定請人打掃，來到道場放下 LV，拋開香奈兒，貴婦成跪婦，這也是師尊帶領我們的「放下皮包，立地成佛」。秋陽鑲滿幽靜的道場，林木崢嶸，自然屏障彷若為濟佛「樹」立法幢。其實師尊早已建法幢於處處，大道十方遍流佈。不戀塵囂浮華，遠離世俗紛爭，來此自己家園，感受人生的真，享受小隱於野的清閒。

濟佛法駕南加州的消息無脛而行，各地求法若渴者紛至沓來，不得不密集安排了七場請法。寧靜的社區連月來的週末，車輛鱗次櫛比。請法前的簡單開示，有人心領神會；請法後禪解「十地菩薩」，有人深解義趣。來時，眼內有沙三界窄；去時，心中無事一床寬。庭院聳立的二棵鳳凰木相望而笑，師尊在此講經說法，靈山會上儼然未散！

今夕秋月分外明，玄微點燃河畔情（Riverside），道場中秋團圓聚會對美國弟子是何等奢華的幸福呀！世事一場大夢，人生幾度秋涼？明月多被雲妨，中秋誰與共孤光？問君明月幾時有？就只今宵是！無以言喻的欣喜與感恩，不禁令人月下披雲笑一聲！

「十地菩薩」禪解圓滿，縱然次第有別，師尊法雲湧動遍三千，在場聞法者心「地」悉皆蒙潤。末後師尊以靈氣拳宴饗大家，已故梅豔芳的「女人花」依舊音弦切切，再次撩撥心扉，不覺潸然落淚，只是此淚已非當年淚。再回首，花開花謝總是空；淚流，因為感恩；因為珍惜；因為我們不只是師徒！值此明月如霜，好風如水，更知好花堪折直須折，惜此師恩情重。在此蓮花寶地，天地間揮灑的自如，師尊那股神韻靈氣，一來一往都在水流風動演摩訶。

聚雖好，別雖悲，世事堪玩味。人間種種，不就是在因緣聚散中琢磨體會？應弟子們極力要求，盛情難卻的玄微師於十月九日晚特別加映一場惜別講座，帶領大家共修，教授如何禪坐，專注於當下；美國道場成立主要的目標很簡單，旨在「引眾修行」。縱然師尊未興駕，道場依舊坐無虛席，淡定分享他的座右銘，奉行師尊教導的棄三相——「名、利、權」。簡單的講述，卻凝聚著非凡的能量，非淡泊無以明志，非寧靜無以致遠，一堂長春藤學院也給不了的人生智慧。

▲圖 15-2：講經說法圓滿，師尊為小文加持。

▲圖 15-1：2018 年（戊戌年）9 月，師尊於美國道場禪解十地菩薩。

▲圖 15-3：玄微師特別加映惜別講座——棄三相「名、利、權」。

玄微師靈根夙具，慧性生知，以他的年紀，即使今之成就無人能出其左右，仍是如此儉讓謙恭；任憑紅塵紛爭擾擾，世人鑽營討巧，「心道是一」的他總是「莫作是非來辯我，浮生穿鑿不相關」。面對詭譎多變的世態，翻雲覆雨的人情，始終八風吹不動，真正「大隱」高人！凡人眼中他的童年是黑白，因為黑白方能為眾生帶來色彩；淡漠留給自己，大愛施予眾生。自幼的方向就是如此堅定，銘記落實師尊之教，汗顏的我們卻猶在「欲海沉浮名利爭，石火光中寄此身」。

十月十一日弘法圓滿，一行人即將回臺，師兄姐們機場送行，出境的長廊盡頭，揮別著遠去的背影；抹不去的十里長亭。我想大成就者當他一心奉道，一生無我奉獻時，生命中的來來去去，早已「無來無去」！

潤物細無聲

翌日晨俸香時看到久未清理泳池的先生一早就來報到，炫耀地舉起他的手。原本每週四固定來清泳池，有一天手臂突然劇痛抬不起來，尋醫無效，只能長期休養。道場師兄介紹他來向師尊請法，一進門未開口，師尊就指著他的手說：「你的手臂抬不起來吼，因為手臂上有一條蛇纏繞。」驚嚇的表情，原來早期曾因故殺過一條蛇，竟然師尊掀起那段鮮少人知的往事，幾分鐘的請法治療，手臂當場伸展自如，重拾健康的人生。「你們的Master（上師）真的好厲害喔！」豎起大姆哥比了個「讚」，繼續清理泳池。

杜甫的「好雨知時節，當春乃發生，隨風潛入夜，潤物細無聲。」師尊宛若那好雨，春天需雨之時，祂來了，隨風默默降臨夜色中，不聲不響滋潤著世間萬物，冲走歲月的憂傷；亦如「又綠江南岸」的春風，悄聲無息，隨緣而現。臺語說的好「永遠保庇你嘸災欸」，師尊的愛與慈悲，猶如澆灌花木從根起，令人人的佛性善根成長；春雨潤物，看似無形，彰顯有時，法譬如水，拈來一滴真甘露，灑向山河遍清涼。

十六 最後的平安夜

同門意重情深濃，因緣聚散轉頭空。
千里尋醫愁上愁，佛在心中自從容。

家是每個人心底最柔軟最美好的繾綣，師尊成道日在即，鴻雁身影向天際。二〇一八年十一月六日成道日前幾天，玄微師微服出巡辦事，得知師兄姐們夜宿旗尾鳳山寺，我們剛從美國返臺回屏東家，當晚載公公前往鳳山寺拜拜，視因緣看能否祈請師尊賜福。九十歲的公公不良於行，同修勉強背扶著老人家上車，至鳳山寺費了九牛二虎之力，好不容易抱他坐上輪椅。幾分鐘的加持，渙散的眼神，蠟黃的臉，立馬精

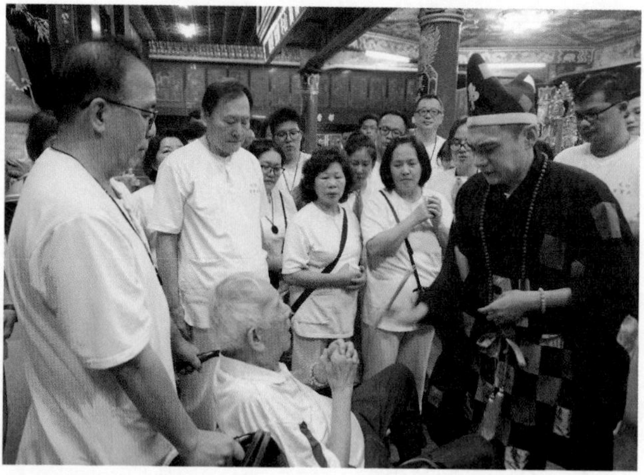
▲圖 16-1：2018 年 11 月 6 日師尊於旗山鳳山寺為公公加持。

神矍鑠，氣色紅潤。難以置信的是，子夜回到家，車才剛停妥，公公竟然自己打開車門緩緩跨出，完全不需攙扶。出門時仰賴兒子肩扛；入門時自己奮力跨進，短短幾個小時，阿公在師尊的慈悲威德裡重新站了起來！

不可思議的妙手回春，去時，手中有形的拐杖支撐不了色身的敗壞；回時，緊握的是師尊為他找回安定的重心；蹣跚的歲月，生命的足跡，師尊是他心中永遠的拐杖。日後在宮裡，常看到年長者、身體欠安、行動不便者來請大醫王師尊加持，師尊不也是眾生心中的拐杖，安定的力量？師尊教阿公不要胡思亂想，自生煩惱，只要念佛。佝僂的背，老繭縱橫乾癟的手，緩緩撥動著一顆顆佛珠，一聲佛號一念心，看在眼裡，耄耋之年沒有比這更美的人生風景！

最後用力的擁抱，轉身遠行

成道日圓滿立馬回美照顧女兒，「媽媽，可以不要再吃這中藥了嗎？」近一年來女兒每天上學前總要無奈掙扎一番，良藥苦口、藥性遲緩的理由對孩子早已失去說服力，中藥恐懼開始懷疑人生！之前七月中回四川複診，只能說個人福報如此，即使孫醫師重新調整了藥方，搭配師傳祕製藥粉，腫瘤似乎依然故我，遠方電話問診，明顯感覺孫醫師的力不從心。建議妹妹有機會再回四川，試試配合同門楊師兄的祖傳外敷藥方，內服外用雙管齊下，或許另有轉機。

平安夜鐘聲敲響了大街小巷，美國廚藝精湛的「一姐」Pilo師姐永遠是那麼善解人意，邀約師兄師姐們至她的魏家私廚齊聚一堂。歡聲笑語，杯觥交錯中大伙的話題焦點，總不離彼岸，那一位不用駕著雪橇，時時和風送暖，八百多歲依舊風度翩翩的修緣老公！

師兄師姐們惜別的叮嚀中，「快去快回，大家會想念你們喔！」「放心，妹妹還沒寫論文，媽媽也剛申請了社區大學，很快就會回來。」彼此用力的擁抱，二〇一八年十二月二十四日草草收拾家中物，原以為只是短暫的離別，豈知此一轉身竟是在美國最後一次的平安夜。

妹妹這學期學校該做的實驗，該修的課已漸近尾聲，準備著手寫論文了。跟指導教授請了長假，教授是妹妹生命中亦師亦父的貴人，這段時間邊治病邊進修，獎學金從未因請長假而中斷，甚至認為治療中的學生或許更需要這筆錢。他和師母時時給予孩子愛的鼓勵，一開始知道妹妹病況，就跟妹妹說如果媽媽回臺灣，歡迎過去跟他們同住，同學中就有位一般教授不會收的嚴重殘障生，教授和師母對學生的愛，正是師尊曾開示的西方觀世音菩薩。就學中不得已請長假回臺，當美國名醫遇上臺灣神蹟，疼惜小文的指導教授，完全尊重學生選擇「不可思議」的因緣，給予最深的祝福。

十二月二十六日回到臺灣，前二次都是同修帶著妹妹，父女二人至四川，二〇一九年元月初全家一起共赴期待中的成都。江油距成都約莫一個半小時車程，孫醫師每週末自江油開車至成都一家固生堂中醫診所看診。為方便就醫，特別找了離固生堂最近的全季酒店，固生堂猶如升級豪華版的江油熙和堂，每日下午走去領取煎好的藥。暫時安頓下來，閒暇時穿梭靜謐的巷間小弄，狹窄的蜿蜒裡總藏著意想不到的人文風景，一碗傷心酸辣粉、重慶小麵、一根串串香都是一家簡單的小確幸。

被拒絕的勇氣

內地步調緩慢令人不知所以，急於飛到成都，希望早點接受治療，卻在飯店苦候了十天方才見到孫醫師口中的學長楊師兄。孫醫師下診後從江油趕來飯店會合，他也急於想知道學長能否幫上忙。原來所謂楊醫師個人是經濟學博士，服務於公部門，亦於大學指導博士生，為成都知名人士。沒有太多臨床經驗，家學淵源乃因其父一生以楊家祖傳六代祕方，治癒許多群醫束手無策的腫瘤疑難絕症，尤其雲貴偏鄉無能力負擔醫藥費者，楊父常免費義診，造福桑梓。後因家中變故，親人相繼過世，擔心祖上濟世祕方至他這一代失傳，所幸從小耳濡目染，對祖傳療法大致上並不陌生，遂接手隨緣施藥。

藉由敷草藥讓瘡瘤血水慢慢流出來，沒有任何侵入式治療，理論上是安全的，但當孩子頭罩掀開那一刻，美國UCLA求助無門的殘酷，幕幕再被喚起，楊醫師看到妹妹後腦泰山壓頂般的腫瘤，雙眉緊蹙：「做父母的怎如此草率，讓孩子的瘤長這麼大才來求醫？臺灣不是有很多高人醫生嗎？」左右端詳續道：「你們有沒有發現，這瘤子長得很特別，像不像人的臉？彷彿是傳說中的人面瘤，這瘤可真不單純啊！……」

惶恐無奈地表示他毫無把握，不敢嘗試，也不想冒險。一來從未見過這麼大的瘤，又在最危險的頭部；二來他的身份敏感，沒有行醫執照，萬一敷藥過程中，出現非人力能掌握的情況，比方出血過多，屆時又沒有西醫體系及時支援，後果實難以想像，除非我們自己找到信任熟識的西醫外科。

「大哥，你努力救救小隆女（因同修名字中有『隆』字）吧，不會有事的啦！」孫醫師極力勸說態度堅決的學長，在那中西醫壁壘分明的內陸，包括孫醫師也毫無任何可以支援的西醫人脈。沒有相關執業背景，如此巨大腫瘤的挑戰，對楊醫師來說，即使想幫忙，也可感知他的顧慮重重。

原以為一張行醫證照不能代表醫術好壞，然而十來天苦候多時等待的答案，竟如利刃致命一擊，重建的希望頓時狠狠被剝蝕了！再次天人交戰，百般拜託楊醫師給孩子一個機會，過程中若發生特殊狀況，隨時可以終止治療，我們願自行背書承擔後果，楊醫師方才勉為其難姑且一試！

背負著一家行囊，滿載希望，路遠迢迢重返四川，憧憬著奇蹟出現，眼前卻是如此泥濘不堪，一顆殘酷的震撼彈，擊碎了一切！知情同意簽下生死狀般承諾的勇氣，那股支撐的信心不是醫生，更非祖傳祕方，背書的力量是心中的師尊！我們沒有被無情拒絕，之所以有勇氣堅持到底，因為我們有有情師尊！那時候，真的只剩下師尊。

思念著遠方慈父，今宵酒醒何處？可知那楊柳岸，曉風殘月，心中萬千更與何人說……。

十七 運木古井——寂寞的輝煌

玄微送陽別冬寒，異鄉春暖心自安。
古井新生輝煌現，甘泉本有當自觀。

透過臺灣醫生好友介紹，終於找到孩子治療期間，可以緊急援助的成都西醫貴人，以備不時之需，有了西醫後盾，楊醫師也比較願意冒險一試。重拾四川情，妹妹開始接受新療程，楊醫師四、五天來敷一次藥。看他嫻熟地現磨採摘的草藥，略銹的湯匙自桶中舀出灰白粉末一起攪和，令人好奇眼前這兒時回憶的「小瓜呆脆笛酥」桶裡賣的是什麼？原來這不起眼的塑膠桶，裝載了六代祖傳的楊氏百草智慧結晶！

師尊曾說妹妹到四川治病，玄微師有因緣就會過來。陽光吝嗇露臉的一月天，玄微師如約而至，帶來了晨曦中一抹冬陽溫暖異鄉情，原來這不是遙不可及的奢求。一行人一月二十三日（二〇一九年，已亥年）來到成都，踩在陽光的節奏點上，千磨百折，總能履險若夷，心情安穩踏實，陌生的城市變得份外有情了！

▲圖 17-1：哪吒祖廟禮佛。

玄微師首站行程，當然是江油翠屏山哪吒太子祖廟參拜，貴客到來，喜出望外，張道長和孫醫師一路隨行，二位高人末後還替師兄姐們義診，內外調理。

終於看到了妹妹口中，曾經陪她度過誦經時光的狗狗「小白」，也看到了鄉音難懂的廚房婆婆，那飽經風霜的皺紋裡訴說著歲月流逝的關懷，坐在牆角邊挑撿著野菜，邊問：「吃了沒？」「妹妹好嗎？」總算勉強聽懂的四川音，舊雨重逢，想不到她們還記得小文！一如武聖宮大寮媽媽們的親切純真，即使來去匆匆，短暫的相聚，一句問候寒暄「呷飽未」都是暖心的回憶。

「玄粉」建哥得知偶像遠道而來，特別充當地陪至當年濟公活佛顯化之聖地「運木古井」謁祖，歷經歲月的洗禮，古井旁濟公雕像依舊傲然屹立。然而，乾涸的供水杯；飛散的香灰，相較坐鎮於紅柱瓦綠崇樓寶殿中的佛像，此地濟公金尊餐風露宿，觸目所及心中竟無以名狀的不捨。寒風襲來，裊裊香火與世俗煙火交融，望著散落四處的香腳，再好的香都需要經歷燃燒過程，方能馨（心）香馥郁。天地間煙霧繚繞，生命燃燒殆盡，圓滿了，終究飛灰煙滅。色身至終不也是僅剩一小罈灰？師尊說的火化後拿來施肥都嫌少，一生「細思計較有萬貫，到頭隨身幾多斤」？師尊空渺的梵音洗去了塵念，歷經過了百味人生，方能體會道濟禪師淨化人間百味「一炷香的人生」。

或許曾經被臺灣人淡忘在歷史巨輪中的聖地古井；象徵歷史記憶的一雙眼睛，明

▲圖 17-2：運木古井濟公活佛金尊。

亮而生動。然而，同樣的哪吒祖廟，凡眼看來不過是處聖地，玄微師遠來禮佛參拜，商周三千年歷史躍然眼前；一樣的古井，玄微師親自領眾謁祖巡禮，擦亮了歷史的「眼睛」，重新賦予聖地「古」井不同的「新」生命。

相較於南宋濟公傳說中杭州淨慈寺，當年原木湧出一夕成名的「醒心井」，遊人香客紛沓絡繹，座落此處四川源頭的「運木古井」，反而是歷史上的吉光片羽；記載或許少了些歷史光環，歲月掩埋下，依然沉靜默默訴說過去的輝煌。

「鞋兒破，帽兒破，身上的袈裟破，無煩無惱無憂愁，世態炎涼皆看破……」一首膾炙人口耳熟能詳的歌曲，哼唱著千年前濟公活佛醒世情懷，井泉村自千百年前運木古井修建至今，一如此處「祈福亭」一直默默庇佑著一方的百姓，永垂不朽。大江東去浪淘盡，走過輝煌感人的歷史，縱然歲月無聲無息斑駁了濟佛的金尊，曾經震爍古今，而祂依舊陪著世人，一起看盡世間悲歡離合；那斑駁，收錄了所有過去和未來，此時我看濟佛，濟佛看我，究竟誰才是誰眼中的風景？

離開古井運木前，玄微師特別向管理古井的廟公廟婆請求盛裝古井聖水，帶回臺灣武聖宮。臨走前亦祈請濟公活佛賜予祂金尊上披掛的紅彩帶讓小文攜回，請濟佛加持孩子順利平安，障礙消除。一路行來，只要玄微師所到之處，無庸多言，王者之風必然風行草偃。

老井邊一起一落，一桶桶水的汲取，這電影上方能看到的場景，不禁想著佛在靈山莫浪求，是否忘了搖轉自己生命的轆轤？靈山只在我心頭，是否捨本逐末，向外馳求？日後師尊開示經典法語：每個人心中有佛，都是一口運木古井。在我心中，濟佛師尊就是那口永遠汲取不盡上善之水，智慧之泉的古井，灌溉我們的菩提心田，親近祂，長時薰習，將會發現那「井裡乾坤」永難洞澈的甚深玄妙。

熟悉了城市的繁華喧囂，反愛細品此地的孤寂逍遙。小鎮別有的風情韻事，任務圓滿，師兄姐們回臺前，道長盡地主之誼為大家餞行，任憑大伙兒把酒須盡歡，成都曾為客，相逢每醉還；偷偷回頭看看我們可愛的玄微師，美酒佳餚喧嘩中一如既往經典的「歡笑情如舊，如如心淡然」！

▲圖 17-3：祈福亭「甘露湧泉永保百姓安康，古井運木道濟法力無邊」。

▲圖 17-4：令人深思「一炷香人生」的香爐，感恩玄微師及臺灣師兄姐寒冬送暖，濟佛金尊上披掛的紅菱一直陪伴著小文。

十八 千江有水千江月

遊子漫波波，千里來覓佛。
道濟只這是，何必緣外求。

楊醫師原預定每二天來為妹妹敷藥，「祖傳秘方」難以想像內地古法的神農嘗百草，絕非青草藥店買得到的漢方草藥，楊醫師常出差，加上藥草難尋，偶爾一週來一次。內服外敷都是以毒攻毒的藥，希望能出奇制勝。世事難料，豈知四川因緣如此多變，離美多時，妹妹學校有些事情必須親回處理，臨時決定二月十九日（二〇一九年）適逢農曆正月十五日元宵節先返臺。

卻看病苦愁何在，漫捲行囊喜欲狂！一下飛機歸心似箭直驅進宮，元宵節適逢月共修，師尊賜福，弟子們個個福袋滿滿。師尊特別為妹妹加持，並囑咐隔天要買鳳梨來拜母娘，話鋒一轉，望著我們：「愛乎囡仔坐上貴的機位轉去美國喔，瘤遐爾大長途飛行無法度好好歇睏啦！假使機票太貴付不起，師尊來付，麥煩惱，囡仔會平安！」這就是我們的師尊，句句耳提面命總是如此語淺情深。此行考量妹妹仍在中醫治療中，不會待在美國太久，就讓孩子一人單飛回美。

剛開始治療，有點起色，楊醫師不建議中斷，影響療效。四川返臺前，楊醫師為了能讓藥效持久，特別替妹妹敷了厚厚的藥膏，詎料回臺才三天藥膏撐不住，妹妹洗頭時第一次驚見血水緩緩流下，楊醫師還說據外觀判斷血水不會這麼快流出，豈知在師尊加持下，上飛機前幾小時瞥見一線生機。血水排出代表藥已經開始行氣，第一次感受到「流血」的喜悅！簡單包紮確定無大礙，方才放心送孩子上飛機。頭上頂著大腫瘤，本來就難以入睡，更何況長途飛行，商務艙座位舒適，空姐人手充足較能細心照料乘客，終於明白為何師尊一再交待不可省錢，疼惜妹妹，要讓她坐商務艙。

千江有水千江月

弟子請求師尊加持讓妹妹能儘快恢復健康，弟子和同修得以有此福報成為師尊的常隨眾。師尊竟當下告誡不能有此自私想法，今生一切無非自做自得，應以虔誠懺悔，戒慎恐懼的心，與累世冤親債主慢慢解冤釋結，非只一味祈求神佛庇佑加持，求個人速成的平安。那重重一記當頭棒喝，令弟子深深自慚形穢，是啊！人生本是幻中幻，塵世相逢誰是誰，百轉千回隔陰迷，前世今生我是誰？忘盡前塵事，演不完的戲，是自編自導。祈願佛菩薩「有求必應」，而我們真能改往修來，求的如理如法了嗎？眾生平等，是否同理心想過宿世曾為我們所傷害無辜的眾生？諸法皆空，因果不空，孩子病苦的因緣，藉此以身表法，若無師尊，當生命陷入無常，世間法任憑自己如何長袖善舞，也跳脫不出乾坤舞台的因果劇本。以往每當看到師尊為眾生含香、吐針、嚼杯……總不忍直視，表法也好，為眾生消業也罷，慈悲至極，佛恩難報呀！

仰望漫天星斗，月光撒落一地溫情，千里清光依舊，萬目心思同源。據說那晚的元宵夜是睽違近二百年來最大滿月；人海茫茫，尋尋覓覓，美國臺灣，遊子漫波波，惜此須彌穿針得來不易的人身（佛喻欲得人身之難，猶如須彌山上垂一條線下來，山下放一繡花針，線一下來剛好穿過針孔）；惜此今生幸逢師尊；惜此百千劫難遇最大的「滿月來相照」，千江有水千江月，一月普現一切水，一切水月一月攝。師尊，如月；佛愛，如一道清流，輕輕流淌於心湖……。

十九 沉默的慈悲

聖母憶女慈淚垂，子若逃逝憶何為。
佛佛道同光光照，濟佛解藥雙交輝。

四川治療進展遲緩，楊醫師突然請長假回老家，心想這豈不表示孩子二、三個禮拜不用敷藥了嗎？藥效如何持續？轉個念；太好了，佛菩薩安排我們回臺參加師尊佛誕梁皇大法會。二〇一九年三月一日（己亥年，農曆一月二十五日）大法會開始，闕渡宮聖母二媽特蒞臨駐駕普照，玄微師指示進駕時妹妹趴伏在地，師兄們小心翼翼讓聖母莊嚴金尊緩緩跨越，祈願聖母慈悲垂加護，頭面禮足平安相隨。一聲聲「進喔！進喔！」以為只是接駕，沒想到只那聖母金尊輕輕掠過身邊，慈悲能量的震撼感應，早已令虔跪兩旁迎駕的師姐們頻頻拭淚。

三月四日（農曆一月二十八日）法會第三天約莫子時，師尊退駕後，玄微師仍不辭辛勞，天人合一為妹妹靈療，並教妹妹擲筊請示，可否倚靠聖母金尊旁，領受聖母聖光加持。一擲聖杯落地，妹妹依偎聖母旁，尊前慈母在，浪子不覺寒，涓涓暖流入兒心。正當我與同修叩謝聖恩時，突然感覺玄微師頻打嗝，心想不太可能吧！師尊不是方才退駕？說時遲那時快，玄微師示意取劍，直覺這次興駕來的應該不是師尊。取劍，莫非是帝君？在場資深師兄師姐們倉皇中思忖著究竟是何方聖駕？

寶劍呈上，聖駕默然再示意取紙筆來，首先寫著「吾乃天上二聖母，因緣已到」；其二「吾不忍見吾之義女受肉體之苦，今因緣成熟」，原來是聖母「二媽」為這段甚深因緣而來；其三「父母前來，吾之義女無事」，此時的我早已忍不住淚水，二媽示意取水，以劍割指，聖血滴入杯水中；其四「吾之法水速速飲之」，紅了雙眼的妹妹接下法水，此刻方知什麼是血淚交織；其五「吾無言，吾不亂語」，無言中只見祂的慈淚潸然而下，這不就是觀音悲心淚化身！

其六「隨吾聖駕採藥」，正當師兄姐們思索何處採藥時，只見二媽持劍，足不點地般行向十八羅漢殿；其七寫道「三枝清香」，奉上清香後，黑暗中望著聖母手持寶劍與三炷香，赤足蓮步如風。師兄姐們氣喘吁吁緊追其後，快馬加鞭腳步聲，陣陣犬吠劃破沉睡山徑，終見二媽駐足在轉彎不遠處一大石旁，將三炷清香插於石縫上。倉促下山竟忘了帶紙筆，二媽在師兄掌心連續比畫，眾人絞盡腦汁「暗」中猜謎，集思廣益終於猜出謎底「石中有聖物」。

一片漆黑中企圖要在雜草叢生的大石邊，徒手摸索出二媽比畫的「聖物」實非易事，暗夜行動，多虧師兄姐們藉著手機微光，滿頭大汗費了九牛二虎之力，終於讓二媽點頭，「聖物」草藥出現了！採畢急返宮中，二媽再書「藥草暫放金爐龍邊」，「吾採藥，濟佛辦理」。聖母始終默然，那一夜，石中聖物費思量，二媽慈悲終難忘（二媽親書手稿，照片僅附一二）。

置於金爐龍邊的草藥，期待師尊聖示，大醫王的師尊，信手拈來盡是法藥，此草藥原來是川三七，我想此當始無前例師尊爸爸，媽祖媽媽聯手，珠璧交輝為義女治病！

我為人母，亦為人子，舐犢情深，迴盪著《大勢至菩薩念佛圓通章》「十方如來，憐念眾生，如母憶子，若子逃逝，雖憶何為，子若憶母，如母憶時，母子歷生不相違遠……」二媽的沉默，更讓我們見證神佛的大慈大悲，豎窮三際遍十方，不是孩子求神相助，而是媽祖聞聲救苦，只為宿世之緣，下凡救渡業海沉淪的孩子。初次看到了聖母興駕，傳達神意示現與濟佛完全不同，但隨緣渡眾的悲心無有別。這一夜媽祖無言的慈悲，一默如雷，紙紙書盡母愛光輝，讓我淚中看到沉默婉約的至真、至善、至美。

慧心巧思的妙香師姐說宮裡附近有不少川三七，在我們回四川前不顧蚊蟲叮咬，帶著妹妹採了滿滿一袋，免得回四川沒得服用。走筆至此，眼眶又泛紅了，袋子裏裝的不僅是川山七，更是師尊、聖母的慈悲，師兄姐們滿滿的愛。

▲圖 19-1：玄微師為小文靈療後，倚靠聖母二媽旁領受聖母聖光加持。

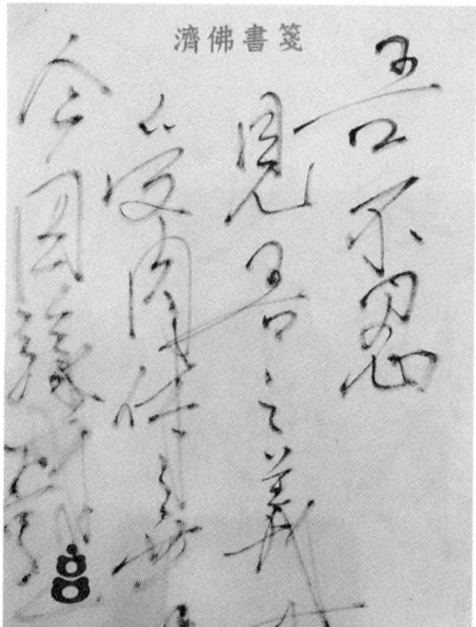

▲圖 19-3：2019 年 3 月 4 日（己亥，農曆 1 月 28 日）二聖母降駕親書：吾不忍見吾之義女受肉體之苦，今因緣成熟。

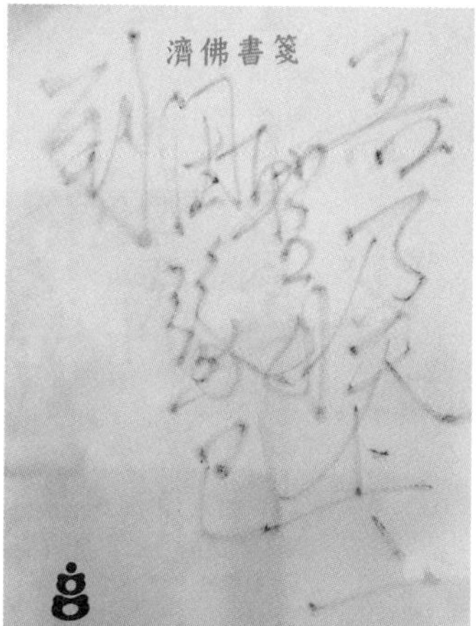

▲圖 19-2：2019 年 3 月 4 日（己亥，農曆 1 月 28 日）二聖母降駕親書：吾乃天上二聖母，因緣已到。

▲圖 19-4：玄微師隔日前往挖掘草藥之處。

▲圖 19-5：暗夜採藥，令人費思量的「石中聖物」。

二十 聖母的微笑

業海沉浮忘知返，情深似海恩如山。
好囝歹囝攏是囝，願子平安早日還。

梁皇大法會冠蓋雲集，達官名流齊聚，恭祝師尊聖誕外，神佛界亦然，諸佛海會悉遙集，三月六日（二〇一九年農曆一月三十日）關渡宮聖母八媽也來駐駕，左二媽右八媽，二大尊聖母同來普照。師尊聖示同修法會期間得空時，以香逐字點誦《地藏經》，並告知香腳留下，師尊幽默說道：「留了多少香腳，代表誦了多少部經，就知道你有沒有認真。」

三月十日聖會圓滿後，眾等坐於大殿內，聆聽師尊開示，師尊以同修法會期間誦經留下之香腳，為妹妹點腳穴治療。問妹妹：「感覺哪一尊媽祖對妳微笑？」「八媽呀！」妹妹幸福的回答。不俗即仙骨，多情是佛心，舉手投足無不流露佛之尊，神之愛的師尊引妹妹跪於聖母尊前座下，輕掀起紅菱伴駕覆蓋虔誠跪求的妹妹身上。香煙裊裊中，聖母慈容莊嚴，眉彎下熙然眼笑，不可思議的是偌大的聖母，頭戴鳳冠上的珠簾竟搖曳不已，在場師兄姐見證一幕聖母為妹妹光降加持的神蹟！

師尊說：「你們親眼看到了吧！聖母慈悲呀！」嚶嚶啜泣聲，聖光入兒身，「感覺怎麼樣？」師尊慈祥問著淚流滿面的妹妹，「在媽祖擁抱下很熱，我一直流汗，頭上腫瘤感覺刺刺麻麻的。」凡間人母的我，眼前這一幕彷若羔羊跪乳，看到了生命的本源「人之初」，赤裸裸來此娑婆，如初的純潔知恩，曾幾何時，迷途羔羊不知返？馬馳未覺西南遠，烏哺何辭日夜飛，不起眼的烏鴉尚有反哺之義，我們呢？不僅是莫忘初心，更是長遠的寸草春暉，知恩報恩。

▲圖 20-1：2019 年梁皇法會，妹妹跪在八媽座下，領受佛恩。

▲圖 20-2：2019 年梁皇法會圓滿，八媽回駕前，妹妹伏跪，讓聖母越過凡身加持。

三月十一日關渡宮媽祖回鑾日，玄微師看時辰已到，擲筊請示是否圓滿啟程？聖母竟回以笑杯！天人合一的玄微師知聖母心，另番擲筊請示，原來臨別前，聖母仍希望再為孩子最後加持。妹妹涕泣如雨，頂禮金尊座下，玄微師再次掀起紅菱覆蓋妹妹身上，陣陣暖流灌頂入心蓮，聖母鳳冠珠簾竟依然搖曳如昔！神與人同，聖母對孩子的慈悲不捨，送駕師兄姐們見此莫不動容無以言表。

連服聖母二媽所賜草藥一週後，妹妹的瘡瘤脫落一層皮，洗頭時曾感覺隱隱酒香撲鼻而來。法會圓滿，請示何時啟程回四川為宜，一直擲不到聖筊。己亥年臺灣五大媽祖廟百年媽祖皆於梁皇法會期間前來駐駕，望著壇城上尚有普照的松山慈祐宮媽祖、大甲鎮瀾宮媽祖、西螺福興宮太平媽，心念一起，妹妹還在臺灣，是否需先一一禮敬恭送壇城上來自各地諸聖母媽媽回鑾，再回四川治療方為圓滿？一擲筊立獲聖杯，媽祖慈悲時時都在教化我們呀！三月十八日晨，玄微師帶領下，沿途恭送聖駕回大甲鎮瀾宮、西螺福興宮，師尊另安排續至白沙屯拱天宮、道緣山莊玉清聖殿（供奉三清道祖），最後一站苗栗最古老的媽祖廟，三百多年歷史的中港慈裕宮，一路走來，知道妹妹與媽祖因緣甚深，也唯佛與佛乃能究竟。

好囝歹囝攏是囝

應以何身得度者，即現何身而為說法，諸佛本懷，佛佛道同，光光相照。聖母何嘗不是觀世音菩薩的化身；師尊是文殊師利法王子，又何嘗不是釋迦牟尼佛的化身？將諸佛的悲願，行於娑婆廣度有情。佛愛無礙，不僅是寬恕，任憑往昔種何因，造何業，神佛仍不捨孩子，盼著生死悠悠無定止的孩子回頭。地藏王菩薩的大悲願力，《地藏經》中「但於佛法中所為善事，一毛一渧，一沙一塵，或毫髮許，我漸度脫，使獲大利，唯願世尊，不以後世惡業眾生為慮……」只要那一點點毫髮善根還在，地獄度盡，方證菩提。因為師尊，方才慢慢體悟到佛經上諸佛的本願，方知世味豈有法味濃。慶幸自己多麼有善根福緣，唯願：

佛在世時我覺醒，今得人身識本心。縱然此身多障礙，道濟門中真修行。

金剛怒目，所以降伏四魔；菩薩低眉，所以慈悲六道。師尊的善巧都是為了應機度化，種種方便，只為不捨佛眼中「好囝歹囝攏是囝」。家，一直在；愛，永無礙。

▲圖 20-3：聖母前來駐駕，小文泣不成聲。

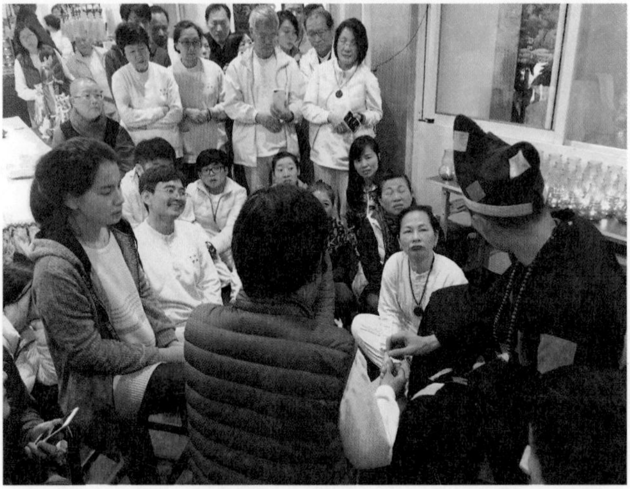

▲圖 20-4：聖會圓滿，師尊以香腳為小文點穴。

二十一 人生如逆旅

成都月初圓，海棠情無限。
人生如逆旅，我亦是行人。

▲圖 21-1：頭捆紗布的小文每日認真做定課。

大法會圓滿跟隨玄微師一一恭送駐駕普照的聖母回鑾後，三月十九日（二〇一九年）旋即返回成都，期待接受下一療程。小文也從最初的《高王觀世音真經》到日課的《地藏菩薩本願經》，這次功課多了帝君聖示的抄寫《陰騭文》，在這狹小幾坪的套房裡，看著頭上捆綁紗布的孩子認真在做功課，知道小文已不是剛開始哩哩落落的口念彌陀心散漫，而是經文中一字一句慢慢的靜心懺悔。

孩子後腦二顆如拳大的瘤，敷上厚厚刺鼻難聞的藥膏，肩頸承受的壓力可想而知。生病期間，愛美食的她卻是食不甘味，頭暈想吐、發冷的副作用更甚於之前服用標靶藥物。曾與楊醫師溝通，出門在外甚是不便，希望能拿藥方回臺灣自己敷，楊醫師表示不可行，原因之一是藥物具有毒性，含有水銀成份，不放心我們自己處理，藥粉應該也上不了飛機。他認為女兒的病少說也得治療幾個月，甚至一年半載的。

礙於身分，無法在大陸長期租屋，為了讓日漸虛弱的孩子飲食營養正常，決定從下榻的全季酒店小套房搬到民宿。媽媽簡單的味道多少能一解孩子舌尖上的鄉愁，走入附近傳統市場，即使聽不懂一兩多少錢，但那吵雜的聲響入耳都是生活的回聲，句句都是人們為了生活深切的努力，市場人「聲」充滿了情緒和故事。誰也料不到今生竟有此因緣長期客坐四川，跟著成都人一樣過著烟火升騰，穿梭街頭巷尾的市井生活。

為了方便楊醫師下班過來敷藥，就近尋找更適合的環境，這段時間來東徙西遷，轉身的剎那，因緣聚散也隨之而轉。一切世間從緣起，蘇軾的「人生如逆旅，我亦是行人」豁達道盡一切。

楊醫師每次來敷藥前，妹妹總要耗時先洗淨頭上層層乾涸的草藥，卸下藥膏那一刻，立即藥見真章。藥物的關係，每次洗完頭孩子總是臉色蒼白，暈眩反胃，有時好不容易吃下的東西，全都吐了出來。「媽媽，沒關係的，躺一下就好。」「媽媽，謝謝妳，常常替妹妹清理善後。」孱弱的聲音，知道孩子想努力扮演好女兒的角色，但卻沒力氣扮演真實的自己。

「丫頭腫瘤的溫度降下來了，沒那麼燙，是好現象。」在楊醫師心目中，女兒就宛如他自家的丫頭。剛開始敷藥真的重現生機，腫瘤確實有縮小的跡象，讓我們信心大增，楊醫師更是乘勝追擊，來的次數頻繁，祖傳祕方讓他引以為傲，換藥時總侃侃而談。只是，那一刻的雀躍亦是曇花一現，進展漸漸停滯，甚至腫瘤現出大反撲。

「不是在治療嗎，怎麼會再變大？」總渴望著楊醫師有其他專業的看法，發現醫師比病人更需要肯定鼓舞，換藥間隔時間開始拉長，侃侃而談慢慢沉默寡言。「今天先這樣，再看看吧！」楊醫師離去的背影，「再看看吧」結果如何？心裡已有數。楊醫師心疼丫頭，承受的壓力可想而知。腫瘤不可逆的劍拔弩張，孩子過程中想像不到的絕望悲苦，從未抱怨過，甚至一再安慰我們。媽媽自己都做不到的堅強，她知道這是自己的因緣福報，乖到讓媽媽非常心疼不捨！「馬麻謝謝」，我不知道自己還能聽到幾句孩子的道謝，只知道不可以在孩子面前流淚！孩子，只要妳活著，只要妳平安健康就好⋯⋯。

最美的風景

孫醫師又介紹人氣學妹針灸小熊醫師，其病人在醫院大排長龍候診，對素昧平生的我們卻是VIP等級對待，常常醫院下班後，為了讓我們舒壓氣血通暢，單車一騎就來義診，拿藥也不收費。包括孫醫師最敬佩曾註解《金剛經》的學長醫師，也來貢獻所長，集思廣益，只為對臺灣來的勇敢小妹妹，尋求最有效的治療方式，他們跟楊醫師都是師出同門。

「妹妹怎麼樣了？」美國疼愛小文的 Susan 師姐來大陸出差，專程長途轉機帶著遙遠的愛來看妹妹。身在異鄉，感恩於師尊為我們牽引來諸多善緣聚會一處；感動於這充滿溫度與人情的純樸小鎮。即使生命中總有一些唏噓的空白，未盡人意；短暫中擁有著永恆，今日的友情是明日最感人的回憶。四川的風景美；但，異地他鄉，山巔水涯，最美的風景不在山頭在心頭。

春來，海棠花的故鄉—四川，此開彼落的美，春雨斜風中依舊風情萬種。此時同修正追著火紅上演的大陸劇「知否？知否？應是綠肥紅瘦。」再多的感時傷春；人生，浮光掠影，也只是一場花開花落，何不瀟灑放開，與微風共舞，與綠葉同醉？

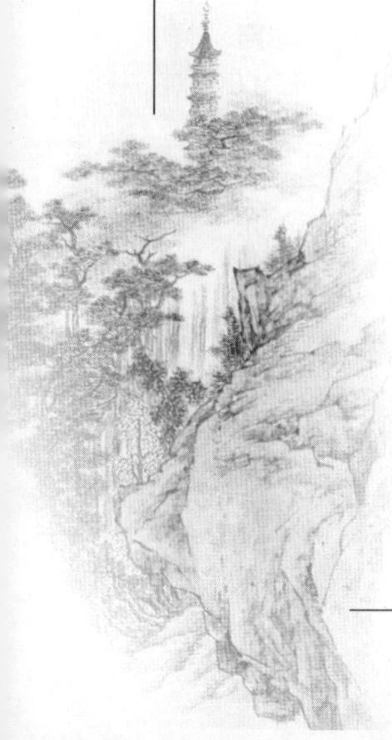

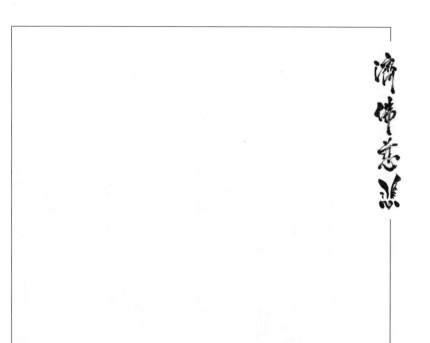

二十二 禪林探玄

百轉千回我是誰，今了因果離是非。
三昧求懺滌我罪，自性彌陀永相隨。

人生因緣而聚，因情而暖，三月二十五日（二〇一九年）一縷春意乍現，玄微師再度春風拂暖至成都。法不孤起，仗境方生；一日，禪定中的玄微師忽然浮現「三昧禪林」景象，問同修「三昧禪林」距離住處多遠？那地方有特別因緣，想去看看……「三昧禪林？」來四川這麼久，還真沒聽過，連在地人孫醫師也沒去過，同修開始上網查詢，好奇安排這趟玄微師口中特別因緣的「禪林探玄」。

西蜀彭州市九隴山「三昧禪林」；「迦諾顯化，悟達解冤」隨著玄微師定中一幕現境，拂去歲月的風塵，翻開歷史的扉頁，穿越時空，一趟探玄記，步步揭開崇山峻嶺間，那段早已塵埃落定的古鏡。今人不見古時月，今月曾經照古人，聖賢已謝幕，不同角色粉墨登場，不同時空，因果大戲依然重演！

▲圖 22-1：2019 年 3 月 31 日造訪傳說中的三昧禪林。

「三昧禪林」或許不似其他川蜀朝聖之地名揚四海，然其遠離塵囂，彷若遺世而獨立，古樸而不張揚，寧靜而不沉寂，香火默默漫延了無數春秋，聖水洗滌了多少人心。突如其來的因緣，書到用時方恨少，未學上網做了功課，一段戚戚我心的歷史，方知事非經歷不知艱。在此謹就網上所查，略述其相傳故事緣起：

禪林緣於唐代一個消仇泯恨的歷史，唐朝

▲圖 22-2：悟達國師雕像。

知玄法師，早年嘗與一僧（即迦諾迦尊者）邂逅於京師，其僧乃患迦摩羅疾，眾人皆惡之，知玄與之為鄰，親侍湯藥至病癒，略無厭色。別時僧人感其德風道義，對知玄法師說：「你今後有難，可往西蜀彭州九隴山相尋，其山有二松為誌。」

知玄和尚德行高深，甚得唐懿宗尊崇，特賜稀有沉香法座，並封其為「悟達國師」，恩渥甚厚。國師蒙受恩寵，不覺一念慢心起，旋即左膝上忽生人面瘡，痛楚萬般，求醫無解。就在百醫束手莫策，瘡疾日烈時，記昔日同住僧之語，忍痛前往彭州九隴山，果見雙松並立，高聳雲間。其僧立於門首，顧接甚歡，早已知其來由，翌日命一童子引其至巖下清泉之畔，以三昧法水洗滌，不料人面瘡竟開口譏諷之：悟達國師昔為西漢之袁盎，因屈斬晁錯而結冤。國師十世為高僧，戒律森嚴，報不得其便，今因一時受寵忘憂，名利心起，於德有損，晁錯方能伺機化作此人面瘡來取報，今蒙迦諾迦尊者賜予三昧法水，終算夙怨了結。

悟達國師感其殊異，深思積世之冤，若無遇此聖僧垂慈，何能了結？一朝恩怨，十世追討，歷歷因果的砥礪，病癒後的悟達國師在此建造「招提寺」（今至德寺，即中三昧），入深山，住蘭若，岑崟幽邃長松下，於此清修，寫就《慈悲三昧水懺》三卷，「三昧禪林」自此成為三昧水懺的祖庭。悟達國師洗癒「人面瘡」之泉水，如今仍涓流不息，恩澤後世。

三昧禪林坐擁在蒼松環抱，逶迤青山中，林木蓊鬱下的紅柱青瓦更顯古樸幽靜。共有三處禪院：上三昧（水亭寺）、中三昧（至德寺）、下三昧（安國寺）。穿過古韻宏偉的「三昧禪林」牌坊背後，徐徐掀開歷史面紗。

林葉婆娑，層層石階上若隱若現的光影，曲徑通幽處，禪房花木深。突然激動的妹妹一到寺前就驚叫著：「就是這裡，這裡沒錯！」映入眼簾的正是孩子昨夜夢境中的二棵大樹，彷彿靈魂穿回當年迦諾迦尊者的歷史韻事中，原來這不只是一場夢！兩旁斑駁的石碑刻畫著三昧水懺的緣起，不覺一股莫名的感傷，風蝕雨腐越千年，栩栩雕琢意深遠，煙雲塵封中的聖賢鮮活起來，引領後人走進這段歷史長廊。蜿蜒曲折的石徑小路，縷縷陽光，從叢林的縫隙，篩落在那級級石梯上，一步一移，一移一景，不就是師尊開示的人「亻」要經過彎彎曲曲「弗」的過程方能成「佛」，沒有考驗哪來經驗？

「阿彌陀佛」一位正在灑掃的比丘尼笑容可掬迎面而來，聲若黃鶯，慈眉善目，儼然是觀世音菩薩的化身。我向其簡述來此緣由時，比丘尼關愛的眼神流露不捨之情，口中不斷「阿彌陀佛，阿彌陀佛」，沒有過多言語，第一次感受旁人口中佛號的至誠攝受力，聲聲佛號已然具足一切至善的關切祝福。剎那洪鐘聲響，正當詢問如何取聖水時，寺內一位宏塵法師合十而來親切招呼我們，「阿彌陀佛」佛號聲漸遠，觀音菩薩化身師父的慈悲，深銘於心。

宏塵法師沿途介紹禪林，踩著禪林歷史的腳印，穿過迂迴小路，除了腳步喘氣聲，蟬躁林逾靜，鳥鳴山更幽。終於見到悟達國師洗人面瘡處，自石竇中噴出的泉水，方大如斗，四季不竭不溢，清洌甘甜。此泉水與上三昧同，寺方為方便後人安心取用，特別過濾處理。

半山腰中三昧，沒有路牌，年久失修，偶遇僧人手握念珠，彼此互相一句「阿彌陀佛」，悠然自得。

或坐或立的佛像，風雨經年，放眼來來往往的眾生，是否已參透紅塵？途中見一處沉思又若沉睡的臥佛摩崖石刻，佇足凝視許久，那神情彷彿寓含著「人生是一場夢，夢醒是一場空」，知是夢何所求？

上三昧又名水亭寺，破舊不堪的紅木門牌坊，默默訴說著歲月滄桑。大雄寶殿旁竟有一偏殿供奉濟公，異鄉的寺宇看到濟佛金尊，難言的親切喜悅。神龕上方繫著大白布條「那裡不平那有我」，當年一缽千家飯，孤僧萬里遊，膾炙人口的濟公活佛，行俠仗義，除暴安良瀟灑之舉，四川人純真率直的「那裡不平那有我」表露無遺。

▲圖 22-4：風雨侵蝕的上三昧水亭。

▲圖 22-3：悟達國師洗人面瘡處，自石竇中噴出的泉水，方大如斗，四季不竭不溢。

▲圖 22-6：哪裡不平哪有我的濟公金尊，玄微師旁即為孫醫師。

▲圖 22-5：臥佛摩崖石刻。

夢遊禪林

大殿另一處供奉兩尊佛，趨前禮拜時，妹妹突然一陣發麻，「這尊肩披白彩帶的佛像，昨晚夢境中帶我飛翔的就是祂！因為祂的樣子，跟武聖宮看到神佛不一樣，印象特別深刻。」如臨仙境，黃粱一夢，是真是假？昨夜騰雲飄然而來，慈祥牽著妹妹的手，頓覺身心在古剎中雲遊，慢慢飛向二棵大樹。原來深夜寧靜中相遇，身披白菱的就是「迦諾迦尊者」；原來方才映入眼簾，聳立於煙雲間那二棵大樹，就是當年迦諾迦尊者與悟達國師相約的「雙松」，而迦諾迦尊者旁供奉身披紅菱的正是「悟達國師」！雙松、一白一紅、迦諾迦尊者、悟達國師……此景，思緒在妹妹連連驚喜感動中定格了，夢幻泡影的人生，在此又是如此妙有的真實呈現；此情，佛菩薩慈悲，一場法戲，帶我們深入因緣，見證因果。

頂禮膜拜後一行人至大雄寶殿後的聖水亭，石板封護的亭門，門上匾額「三昧真跡」。取水處口，礙於入口井陝窄，看守此井的僧人說只能一人進去，故作四處張望，指著玄微師「就是你，只有你能進來，其他人在外面等著。」僧人果然道行高

▲圖 22-8：此僧人慧眼獨具，規定只有玄微師能入井取水。

▲圖 22-7：妹妹夢中所見帶她飛翔遨遊禪林身披白菱的迦諾迦尊者，旁為披紅菱的悟達國師。

▲圖 22-9：取水口的玄微師，過程中一心持誦觀世音菩薩聖號。

深，慧眼獨具。後方知玄微師面對幽暗深不可測的泉井，井底不時傳出呼嘯聲，全程汲水時，一心持誦觀世音菩薩聖號，寺中僧人們深藏不露，大智若愚，若狂非狂，不食煙火，在他們眼中茅茨土階無非亭臺樓榭，粗衣淡食亦為錦繡佳珍。僧人們：

閒行閒坐任榮枯，古寺青燈無寒暑，白雲千載悠悠過，富貴榮華任人逐。

取水畢，爬上峰頂鳥瞰沃野阡陌，翠谷相映，清風徐來，寧靜淡遠，無垠的雲天彷彿迴盪著悟達國師留給後人的歷史訓示。此時，遠方忽傳炮聲齊鳴徹雲霄，禪林師父表示這裡難得聽聞炮響，玄微師禪解此為奇門遁甲的「圓滿」相應。臨別時，禪林師父以《慈悲三昧水懺》經書與玄微師結緣。

來三昧得三昧

古寺鐘響，又在送走斜陽，告別禪林，車窗外的世界如初依舊，心猶在千年塵沙不停思索。一旁的孫醫師信手翻閱著《三昧水懺》，看他隨著車子節奏漸漸打盹，

「經，給最需要的人」一股神佛的聲音頓時驚醒了夢中的他，孫醫師激昂說著：「不敢相信，那股非常清晰的聲音告訴我，這本經書是要給妳的。」隨即將手中自禪林請來最後一本經書轉送予妹妹結緣。而我們後來發覺那本應該是師父的課誦本，因為經上還留有潦草字跡。書交給妹妹那一剎那，窗外一看，不遠不近，緊急一聲「司機大哥，麻煩這裡停車！」正好是他該下車的地方。

一股剛剛好的聲音，書緣、法緣；一個剛剛好的站牌，暫停、啟程，下車你我又是另一個開始。這一趟月白風清懺悔之旅，聖地的加持，玄微師說的「來三昧得三昧」，風雨經年，歷史已矣，古寺鐘聲依然婉轉悠揚。「因」有玄微，方知此「果」海之深妙。

花若盛開蝴蝶自來，看似簡單平凡的地方，只要厚德載物的玄微師在，總有許多法緣不請自來，總見平凡中的精彩；一股簡單澹泊，讓人感受的是自然玄妙的仙風道氣。不覺已回到成都，竟偶遇春雨潺潺，玄微師說那是「甘露」相迎。

月有盈虧花有開謝，想人生最苦是離別，四月四日近午時分不捨送玄微師一行回

▲圖 22-10：古解冤洞，玄微師旁為接待之宏塵師父。

臺後，立馬趨向三昧禪林，參與在古解冤洞啟建的《三昧水懺》法會，仰望古解冤洞頂五百羅漢雕像，緊鄰的功德堂也有三百尊，八百塑像莊嚴宏偉，似也在空中觀此婆婆歷史重演。真誠之心，以「法」會迦諾迦尊者，會悟達國師，懺場莊嚴的情境，縈繞著當年悟達國師在此潛心述作《三昧水懺》，進入時光隧道身臨其境般的震撼。

法會圓滿後主誦宏德師父說寺裡沒什麼貴重物品，僅以珍藏多年的佛珠與我們結緣，祈求佛菩薩保佑妹妹平安，曾問玄微師「這些佛珠仍需請師尊加持或過爐嗎」？「人家師父滿滿的誠意早就勝過無數加持了」！玄微師當下一語如露入心，醍醐灌頂，珍惜生命中每一緣份。物換星移，有多少記憶，來了又去，三昧禪林的相遇，即使彼此淡淡相視一笑，一句阿彌陀佛，雙手合十，默默祝禱，已然交滙萬千暖。

悟達國師俗姓「陳」，玄微師父姓「陳」，巧合非巧合，師尊開示：妹妹的病就是要碰到姓「陳」的方能得救！三昧禪林歷經歲月洗禮，而今仍不失古剎的莊嚴。三昧神泉善若水，洗滌累劫罪惡身，曾聞「西遊不到三昧水，枉自蜀中走一回」，萬古千秋，為彭州增添幾許靜雅清幽，養育一方淨土！因果不虛，三昧禪林見證了這一切！

異鄉的桃花源

以史為鏡，可以知興替；以人為鏡，可以明得失。歷史輪番上演，唐朝至今我們不僅在文字裡，在古剎邊，思慕聖賢古風，不禁感慨，後之視今，亦猶今之視昔，明年的我又將在哪裡？不信因果，永遠無法走出歷史的藩籬，跳出輪迴的軌跡。妹妹頭上猶如人面瘤，師尊一再耳提面命，悟達國師十世高僧，修得滴水不漏，一念傲慢心起，仇家即刻見縫插針，因果昭然！三昧禪林，穿越歷史了因果；是神佛的慈悲與諄諄教誨；是假使熱鐵輪在我頂上旋，藉假修真終不失！

翌日宏塵法師曙光乍現就為我們帶來禪林之暖，斜風細雨中親自送來三瓶當年方丈在世時給他的三昧聖水，經過方丈特別加持所賜，一瓶二兩的水，他一直視為珍寶，放了二十年，捨不得用，特別送來給妹妹。一瓶二十年的水，它的名字叫「愛」；它的價值只因是恩師所賜，讓我深深感到尊師重法惜情的那份「真」，此外也貼心準備一整箱飲用的三昧水讓我們喝。出家人省吃儉用，自己不惜花錢叫車，風塵僕僕從三昧禪林至成都，來回四小時的車程，就只為了替我們送水。法師偷偷告訴我說：「二十年捨不得的『救命水』，結緣給最需要的人，尤其是臺灣遠地來求醫的小妹妹時，當下真正感受到『捨』說不出的快樂！」雲在青天水在瓶，清澄如鏡會禪林，這份情；伴隨著細雨紛飛，洗淨塵埃，靜靜籠罩在異鄉的春色中，這顆心；心中若有桃花源，何處不是水雲間。

「妹妹怎麼樣？我有靈魂出竅去看妳喔，妳知道嗎？」「早說嘛，來也沒說一聲，我怎麼知道？」妹妹心中迴盪著臺灣陳師父——玄微師悄無聲息出巡，不知不覺中飄洋過海來的溫暖……輕回眸，望見雨後的彩虹。

二十三　四川行　失意裡的得意人生

望斷天涯路，何處是歸途。
我生本無鄉，心安是歸處。

楊醫師這陣子敷藥的進度，一等就是一個禮拜，離開前無奈嘆了一口氣：「丫頭的瘤不但沒消，反而越長越大，抱歉實在無能為力，可能性的藥草也都試過了，先停藥幾天吧！」望著他手上那一大罐白色粉末的小瓜呆脆迪酥塑膠桶，不覺剩下一半了，其實第一次見到楊醫師，本就不想買單，只是我們仍不放棄築夢，期待著劇情逆轉。

▲圖 23-1：青羊宮——川西第一道觀，西南第一叢林之美譽。

不覺五月了，玄微師指示我們至青羊宮稟香拜拜，祈求祖師爺慈悲加持，療程藥氣能行氣順利。與孫醫師相約青羊宮茶館，「川西第一道觀」青羊宮是全國著名的道教宮觀之一，來到青羊宮的茶館，嗅覺到成都的慵懶、安逸悠閒、與世無爭的氣息，散發古今交融的人文魅力，這裡是孫醫師休閒的最愛。

孫醫師一路陪同，熱心找他道行高深的師父相助，其師認為任何治療方法皆有風險，反覆擲筊請祖師爺明示方向，初步結果先施以中醫梅花針療法，隨後在青羊宮補辦一場法會。

誰來為孩子施針？事後誰來主法法會？師父終於想到青羊宮中最適合的人，因緣就是如此，唯一深諳施針及主法法會的道士正好出城，師父設法聯繫，仍去向不明失聯中，只能等他回城再說。

古來青羊宮中，多少道人雅士慕名而來；多少人至誠祈禱，尋求生死解套；又有多少人在茶館一角，沏一壺淡淡香茗，賞一段曼妙崑曲，看著往來的紅男綠女，君可見「人面不知何處去，桃花依舊笑春風」。這一幕情節畫面，即使心中難免紛擾，試著讓自己定下來，在這穿梭的一方茶水中，上映的不是電影，是人生！散場了，走出戲院，人生——還要繼續。

五月底（二〇一九年）楊醫師來敷最後一次藥，我們心知肚明敷不敷藥已經不重要，對行徑有如武俠小說中「吸功大法」為所欲為的腫瘤，楊醫師語重心長地建議儘早至省立大醫院另行求診，免得腫瘤過大壓迫其他神經，後果不可收拾。成都有不少專門治療腦瘤中西醫專家，且聽聽其他醫生怎麼說，仍不行的話，他也可以找人介紹重慶的醫生。望著楊醫師離去的沉重背影，知道這最後的背水一戰，終將結束。

好不容易掛上省立醫院一位主治腦腫瘤的醫生，一樣不解的表情，揶揄地口氣：「瘤大到這種程度，中醫就算能控制腫瘤縮小些，也只是暫時，絕不可能消失，更不可能根治，只有靠西醫切除，人命關天，這種大手術，還是趕緊回你們熟悉的地方。」「醫生，需要拆開頭上的紗布看看嗎？」冷回一句：「不需要，看了也沒用！」苦候一上午，就這麼一句話一頓訓，無常的利刃將每一句話都變得錐心刺耳，冷酷無情地斬斷一切。

「媽媽，沒關係，我也不可能在這裡開刀，就這樣吧！去買一杯好喝的珍奶，慰勞自己。」孩子一樣如昔的善解貼心，明知喝珍奶不好，但想想孩子內服外用皆是毒性的藥，多少食物比此藥更毒，比化療藥更傷？不乖的媽媽陪著孩子一起展顏享受那一杯「不聽話」的小確幸！

青羊宮擲茭結果的梅花針療法猶未展開，還有一場待辦法會，是否繼續苦候歹戲拖棚？四川求醫之旅難道就此劃下沒有結局的休止符？左右踟躇，千頭萬緒。

靠岸

「先回臺灣再說」玄微師一句話，總令人有一股山河不驚的恬靜。收拾行囊，鍋碗瓢盆日用品先暫寄民宿屋主家，百感交集，看淡了風雲變幻，習慣了起起落落。盡份隨緣，即便是寒冬臘月，也能發現「千樹萬樹梨花開」。何時再回四川？或許離開，就再不回來；或許回來，你我已忘懷，師尊常說的「一切都是最好的安排」，六月二日回到故鄉臺北。

每一程山水相逢的交錯裡，總會有初見時的欣喜，也會有漸遠後的惋惜。四川行，雖然治療未見其「果」；三昧禪林已知其「因」；哪吒祖庭助我善「緣」。一年多的交換人生，等待的因緣，看似徹底被現實退稿了，「退稿」的缺憾，反成日後的新希望；未臻圓滿的結局正好是另一解套的開端。等待的因緣，是讓自己懺悔業障，積功累德。

人生無根蒂，飄如陌上塵，我生本無鄉，此心安處是吾鄉。飄風不終朝，驟雨不終日；師尊，是心安的棲息處。當成都班機抵達桃園中正機場的那一刻，我知道一切終將靠岸。

二十四 自心誠不誠

智人求心不求佛，愚人求佛不求心。
若問佛法靈不靈，但問自心誠不誠。

返鄉翌日正好農曆五月初一共修日（二〇一九年六月三日），千帆過盡方知最溫暖的是家中那盞永不熄滅的燈，那扇善解的門。回宮禮佛，三樓大雄寶殿三寶佛依然低眉禪定，凝視觀世音菩薩慈悲的眼神，彷佛流露著「看盡世間滄桑，遊子可曾體會什麼是觀世音……」眼角下那一滴眼淚，流露多少不捨與寬容（早期禮佛時，發現觀世音菩薩眼角下有顆慈淚閃閃）。

「哎呀！佛法、道法、密法都不靈了啦！」一壺清酒喜相逢，別來多少事，都付笑談中。師尊降駕如昔幽默不問四川過程，知道弟子日暮途遠，求助無門，趁機教化。試問為什麼所求不圓滿？為什麼佛法都不靈了？答案很簡單，因為眾生都只是在「求」，不是在「修」。

人往往滿懷期待，心馳神往，當踉踉蹌蹌越過不可預知的泥濘，是否仍有最初春光般的心情？依然不忘初心？面對這灘泥水，翻滾的煩惱不安，自己是否急於向外找一根湯匙，反將泥水攪得更混濁？

師尊當頭一棒，如夢初醒，清珠投於濁水，濁水不得不清，當下撫心自問：我的功課做得夠好嗎？自己善根、福德、因緣具足了嗎？沉澱污泥，看清自己了嗎？祈求佛菩薩應許滿我願，仰仗佛力冀望「有願必成」下深瞭因果不空，依舊歡喜信受奉行了嗎？

「若問佛法靈不靈，但問自心誠不誠」，師尊開示何謂誠？「一念不生謂之誠」，我們的心真「誠」了嗎？念經拜佛，求圓滿，根本在哪？

抬頭莫怨佛不佑，低頭自省有陋行，千法萬法皆不應，原在自己不誠心。

真戲

農曆五月五日端午節（二〇一九年六月七日）依例下午擲筊卜帝君聖誕斗首，母娘賜福，連續二年讓弟子卜到母娘斗首，武聖宮的威德，人聲鼎沸中，三十分鐘內秒殺，擲筊定案九十五個斗，稍晚一步就只能望斗興嘆了！

四川曾是妹妹心力交瘁的一段療程，長期下來虛弱蒼白，回家一親近師尊，令人頓覺神清氣爽。隨著弟子們持誦「唵嘛呢叭彌吽」聖號中，師尊朝向我們踱步而來：「越空性越會得到靈驗，代表你的成就會越高，中醫有中醫治療的因緣，在四川那段時間，絕對不能開刀。人生只是來假戲真做，都是假的，真戲在哪裡？在淨土啦！」

▲圖 24-1：2019 年 6 月 7 日（農曆 5 月 5 日），師尊賜佛珠予小文。

「不為未來求安樂，但願當下求離苦。」猶在耳際，「這串佛珠原本掛在觸口龍隱寺大濟公那裡，師尊將它請下來，跟著師尊辦事十年了，回去要好好修持喔！」師尊說著說著，突然取下身上掛的佛珠賜給妹妹，此舉可讓受寵若驚的妹妹頓時不知所措，趕緊下跪接法，心想何德何能受此聖禮？眾人稱羨不已，法不空求，當妹妹趁機呈上微薄供養謝恩時，師尊只撕下紅包袋一小角，「好啦！這包拿去供養關渡宮媽祖。」就這麼一句，最後一點小小心意也被師尊慈悲轉施，讓我們體會時時飲水思源不忘本，撕下紅包袋一小角，收下了眾生無量煩惱貪瞋痴。師尊為孩子慈悲的付出，絲毫不居功，只說一切都是聖母、母娘、關聖帝君的加持。

師尊同時請在場八里無極宮主委陳師兄明日回宮時，燃一〇八炷香向三樓開基母娘稟告，為孩子求壽，祈請開基母娘做主，顯化賜天醫貴人，救這孩子。並聖示：「八里無極宮母娘香火旺盛，現在三樓開基母娘殿屋頂破損需要整理修繕，這功德由你們黃家發願完成。母娘穿黃衣，你們又姓黃，這絕不是交換條件；而是要感恩母娘，讓自己有這因緣培福。因緣，不是你想做就做得到，向母娘擲筊請示，至少要三聖杯才算數喔。」

師尊又說：「你們不要那麼緊張，小題大做，老天要留你多久就是多久，早已註定好的。況且就算勉強延壽個幾年，終究還不是要回歸真戲！」「現在除了神佛加持外，也須靠無形的力量，師尊翻山越嶺，尋求各方神聖一起來幫助女兒。」

「母在雲端候兒歸，叮囑眾生致力推，到處神仙在設法，壇堂寺廟顯威靈，聖賢菩薩總臨凡，為著渡世苦千般……」《瑤池金母普渡收圓定慧解脫真經》上此段經文深觸我心，諸佛菩薩的慈悲，佛佛道同，豈是六根淺短的凡夫能臆測的。說真的，師尊為我們廣開法緣，讓我們有行功積德的福報，有多少能力做多少事，主動發心培福，是那麼令人法喜！豈能以供養佛法僧的因緣，期待世間法的回報！

「把身體交給醫生；把我的生命交給佛菩薩，一切自然。」師尊教妹妹跟著唸，既然知道世間都是假的，更要超越世俗，看淡生死。

清淨法身的無量壽觀此五濁娑婆，四大假合之身，延壽多久才算久？一番開示，一顆久被塵勞封鎖的心，湧動著人間煙火中的「真戲」！「但得真修，何妨遊戲？」觀想著昔日道濟的遊戲人間，來去無礙，今日師尊的清淨囊中無一物，點點塵埃化大千。

心印

俾利隔日至無極宮順利行事，師尊請主委陳師兄先帶領我們至二樓母娘殿，祈求母娘賜福庇佑，師尊破例讓同修點三十六炷香（二樓母娘殿，為避免濃煙，通常禮佛只點一炷香）隆重稟告，主委全程督導鑑杯。幸好主委師兄從旁協助，方能順利圓滿。

母娘聖示：第一、應允我們發心修繕培福；第二、明日至無極宮，擊鼓九聲通瑤池以示莊嚴隆重；第三、帶師尊所賜佛珠外，亦另需帶「師尊印信」。

正當大家好奇什麼是師尊印信時，只見師尊伸出佛手示意以「心印」授予妹妹胸前，原來這就代表師尊的「印信」。當下深感神佛間通行的無相法印，是那麼莊嚴神聖，以心印心；再多金印紫綬，大小簽章，有憑有據，有相印的一切，界定約束的只是無明凡間。

同修請示師尊，明日前往無極宮需準備什麼東西？師尊一笑：「準備什麼？準備你們的心呀！」師尊的心印，我們的心，此「心」，直截根源佛所印，其他不過是摘枝尋葉方便罷了！

信眾們接踵而至，許多政要前來，感受師尊的大威德力，聆聽師尊法要，人生至理，在師尊「大道至簡」禪示下，契機的會心一笑，盡是餘波盪漾的法味與禪意。

我還在想，原本午時要抵達無極宮，因妹妹一早國泰醫院已安排檢查，唯恐耽誤時辰，正當心中有所顧慮時，師尊一句：「人到，時就到！不用想太多，放心去檢查完再至無極宮。」當下一語寬我心，師尊的法就是如此圓融。

備妥花果燭來到無極宮，帶著師尊「印信」，擊鼓鳴鐘隆重相迎，溫恭直諒的主委陳師兄，親切地引領我們至三樓開基寶殿，世間的成住壞空，莊嚴的凌霄寶殿歷經歲月的洗禮，屋頂確實需要整修，怎捨得讓坐鎮的阿母莊嚴金尊委屈在此凡間風吹雨淋呢？

母娘慈悲

如何跟神佛擲筊請示？對我們而言真是一大學問，總覺詞不達意，說的哩哩落落，與母娘契心的主委就是不一樣，擲筊請示結果：第一、妹妹帶衣服，寫下生辰八字供於母娘座下，祈請母娘加持；第二、點長年光明燭（無極宮特有的高聳立燭）；當請示如此是否圓滿時，一直擲不到聖杯，主委陳師兄突然心血來潮，誠心問道：「母后在上，容弟子大膽請示母后，是否您欲將龍杖上的紅彩球賜予薏文當隨身信物保平安，帶去手術房坐鎮加持？」難以置信，竟立馬聖杯應允！

主委師兄興奮地說：他昨晚才將紅彩球繫於母娘龍頭拐上，無極宮長年苦於眼疾幾乎看不見的大師姐，剛好站在旁邊，主委靈光一閃，不自主將母娘龍頭拐輕觸大師姐的眉稍，沒想到此一輕觸，母娘顯化加持，竟令大師姐重見天日，眾人無不震撼於母娘的威德！母娘信物，照理是不能攜出宮外，若非主委與阿母感應道

▲圖 24-2：2019 年 6 月 8 日無極宮凌霄寶殿母娘賜手上紅彩球予妹妹。

交，誰會聯想到擲筊無結果，是因為母娘欲恩賜彩球給小文？又有誰敢奢望取得神佛信物？母娘慈悲，真是妙不可言，奧不可測！

六月九日下午，我和同修原打算進宮補辦皈依傳度的資料，玄微師突然請我們開車陪他至無極宮，同時遞上一大包金紙，說這是斗六南聖宮帝君的壓轎金，帝君回駕，這些金紙原本打算要化掉，擲筊請示一直沒有結果，玄微師與帝君的印心，再請示「是要給妹妹拿回家當枕頭」？果然六聖杯落地，帝君慈悲讓妹妹「高枕無憂」。

來到無極宮，師兄姐們早已備妥豐盛的水果茶點，等待玄微師到來，拜拜完大家閒話家常。約莫五點多迅雷不及掩耳，師尊突然降駕，師尊葫蘆、法扇寶物都沒準備，常住師兄姐亦未隨行，倉促中不免有些手足無措，處理完無極宮宮務，又對師兄姐們個別治病加持並隨緣開示，記得當時以茶代酒，開示中的簡單妙喻，即使一杯白開水，亦能感受那回甘韻味無窮。

▲圖 24-3：開基母娘來家中普照。

無極宮大殿裡，「便衣師尊」的幽默善巧交融著母娘沉默的慈暉，沉浸在這感人一幕時，師尊突然話鋒一轉，要我們擲筊祈求，請示母娘是否願意在小文手術期間法駕至家中普照？倘若有三聖杯應允，就再請示是哪一尊。不可思議的是一樓大殿內諸金尊，「開基母娘」竟願前來慈光普照闔家。當聖筊顯示開基母娘願意跟我們回家時，主委微笑豎起大姆哥比讚，說這非常難得，因為開基母娘向來不出門，除非大型宮廟特別活動邀請，偶爾公出，更別提至一般信眾家普照。

十全大補湯

六月十五日月共修末後，師尊幽默地說：「嗯，我想看覓今仔日欲送啥物予妹妹？」妹妹靦腆笑回：「師尊，您已經送我好多好多東西了喔！」一片晌：「十全大補湯！」母娘傳法凡是拜拜的供品，經母娘諸佛加持後，都會成為補藥。師尊讓妹妹自神壇供奉的水果中，取十樣水果加持成「十全大補湯」，隨後摘下十全中的一顆鳳梨頭，遠處一擲，鳳梨頭竟一分為二，一前一後，猶如聖杯般；亦彷彿妹妹頭上二顆瘤，鳳梨頭落地，障礙自遠去！

師尊再請師兄自對面倉庫取出一個圓盤，原來今年天上聖母聖誕時，當時我們雖在四川，師尊仍時時憐念著妹妹。受日光照射集氣二個月的七星盤，師尊於黑布上以朱砂畫九虎化煞加持後，包裹盤子，囑咐妹妹丟至淡水河，去煞解厄消災。

七月一日上午送妹妹的衣服至無極宮，由主委帶領擲杯，祈請母娘龍拐上的彩球回家。事後回想終於豁然明白，為何那天玄微師臨時要我們載他一起到無極宮；為何向來寡言的玄微師，拜拜完會特別留在無極宮閒話家常；為何連續兩年帝君法會，弟子都卜到母娘斗首，原來如此，一切自有因緣。所謂偶然，實是生命中的必然。

▲圖 24-4：2019 年 6 月 15 日的十全大補湯。

▲圖 24-5：師尊佛手將鳳梨頭一丟分為二。

▲圖 24-6：2019 年 3 月天上聖母聖誕時，師尊為小文加持，七星盤集天地之氣。

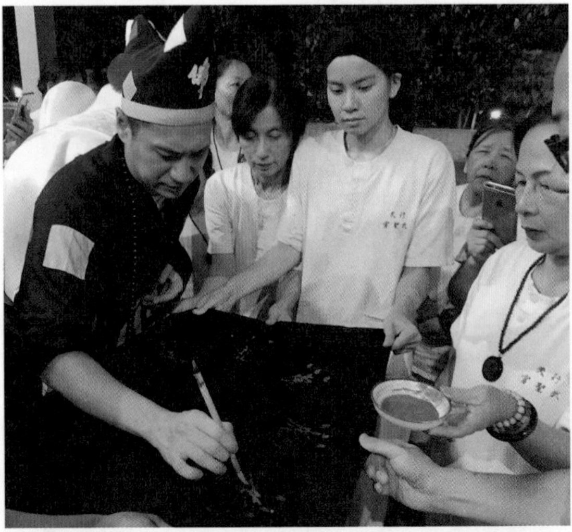

▲圖 24-7：師尊於黑布上以朱砂畫九虎化煞加持後，包裹七星盤，囑咐妹妹丟至淡水河，去煞解厄消災。

二十五 神佛聯盟

神佛聯盟挽回天，母娘慈淚靈威顯。
燈枯油竭永不滅，蠟盡成灰莫忘恩。

美國、臺灣、四川，兜兜轉轉了一大圈，從世界排名的城市，頂尖的西醫設施；到最純樸的內地，保守的土法煉鋼。一路峰迴路轉的足跡，無法想像終點竟然回到三十年前女兒出生的地方，因緣潛藏在三十年來未曾再踏進的——臺北國泰醫院！臺大、榮總、長庚……醫界朋友認為一線的選擇，都不在師尊名單內。因緣，不落言荃的玄機，似寓意著歸真返本，從何來，歸何處。

經過腦神經科精密的檢查，妹妹頭部的腫瘤雖大，所幸尚未侵入頭骨，轉診至整型外科，由蒲主任主刀。妹妹的病，對任何醫生都是高度挑戰，蒲醫師的淡定幽默，讓病人多少卸下心防，壓力減緩許多。真正術後重建才是耗大工程，腫瘤復發性強，轉移率高，切除後至少得觀察三至五年，聽從專業，採取最適合的皮膚移植方式。手術前全身繁複的檢查是必然的，MRI顯示下，肺部竟然出現不該有的小白點，為免節外生枝，醫生建議乾脆利用這次手術全身麻醉，同時進行胸腔鏡微創手術，取出小點點，杜絕後患。

二〇一九年七月十二日午時手術，妹妹是否感知當她接受手術時，不僅神佛菩薩，她自己和所有關心她的人，都參與了這場戰役。師尊早已聖示，當日宮裡請法師來為妹妹舉辦一整天法會，兒子一大早進宮跟拜，我和同修陪著妹妹，疼愛她的姑姑們也來了！師尊之前俏皮地跟妹妹說：「手術時，師尊會第一個報到，接著帝君、母娘、聖母及哪吒太子都會來，一字排開，到時候開刀房會很擁擠喔！」善解人意的護士，允許妹妹帶著母娘彩球進手術房坐鎮。

家屬休息區牆上看板顯示著術中病人現況，心裡早有準備，手術過程估計約莫需要十來個鐘頭，時間在誦經中流逝。「黃╳文家屬，請至手術室門口」，一看才過六個多小時，開刀中途恐懼聽到的廣播又來了，「臨時發生什麼狀況嗎？」姑姑擔憂著。手術室門口的蒲醫師，鬆了口氣告知手術大致已完成，這是在他數不清的手術刀下，第一次切除這種罕見大腫瘤。因腫瘤極貼近顱骨，切除過程必須非常小心，恐傷到骨頭又怕清除不乾淨，即便如此，手術完成比預定時間縮短許多。令他震驚的是切除過程中，腦內諸多小腫瘤在手術燈照射下看得一清二楚。蒲醫師知道妹妹患有中樞神經纖維瘤，完全不同的領域，且僅限電腦斷層掃瞄顯示的影像，這與實際開顱看到腦內情況完全不同。呼請腦神經外科黃主任進手術房會診，黃主任對這位意外出現陌生的小病人，棘手的罕見，建議等手術完再掛他的門診細究。

家屬等候區，多少家屬在外徘徊，焦慮著彼端手術門內的家人，一門之隔，生死未卜，面對孩子的大手術，師尊天衣無縫的佈局固若金湯，守候中的媽媽，沒有什麼罣礙，把一切交給佛菩薩。

恢復室出來，看到將開未開的雙眼中透出一線微光，嘴角輕揚的寶貝女兒，明確肯定這回手術沉睡中浮現的畫面，絕不是二年前猙獰可畏要來帶她的馬面，而是無敵卡司陣仗的「神佛聯盟」；不是暗夜的人間煉獄，而是光明的「南屏淨土」！

身為人母，再愛女兒，無法承擔因果；無法代受病苦。世間的愛，有太多無能為力，唯有神佛，這就是佛愛的祕密。一把有溫度的手術刀，溫暖了冰冷的開刀房；白色床邊，母娘彩球的微笑，豔紅的慈暉，那才是如沐春風，佛愛無礙呀！

諸佛菩薩守護中慢慢甦醒的女兒，「原來頭可以這麼輕鬆呀！」告別了大腫瘤，如釋重負的妹妹超級開心，長年累月頂著腫瘤，早已忘了什麼是正常的感受。因頭皮移植密合需要配合負壓設施，暫時只能趴睡，術後二週必須在燒燙傷中心，由專人負責照顧。為了減輕術後疼痛，為她租了自控式止痛器，但是在燒燙傷隔離中心，妹妹很快就拆除止痛器。頭上固定著負壓儀器，自腿部取下移植的表層皮膚，竟然第二天連止痛、鎮定劑全免了，醫師護士對妹妹的高度忍痛力，十分佩服！

孩子在隔離病房，有專職護士照料，可以放心回家了！梳妝台鏡子前，依舊放著出門時女兒最喜歡的吹風機，百感交集，不禁悲從中來，孩子後腦一大片頭髮，為了方便手術不得不剃光。「哥哥，沒關係啦，不管頭髮長不長得出來，我都很開心，因為以後才能有機會玩漂亮的假髮。」一般小女生最在意的秀髮，鏡子；最深的恐懼，對我們的小天使是最強韌的力量。腫瘤已大到常夜不安寢，面臨生命危機，人生谷底，為了不讓爸爸媽媽操心，撒嬌是她表達悲傷疼痛的情緒出口，堅強懂事的孩子多麼令人心疼！二週後出院，必須租借負壓儀器回家繼續治療，頭上裝著二十四小時不能離身的引流管，緊纏的紗布，別人看來的行動不便，在她眼中自稱是可愛的天線寶寶！

燈枯油竭永不滅

手術順利，翌日與同修回宮稟告謝恩，再前往八里無極宮叩謝神恩，赫然得知無極宮有大神蹟！妹妹手術前夕，常住巡邏時，三樓凌霄寶殿上，左右二排相對的大光明燭，唯獨妹妹點的那對，滾燙蠟油自底部緩緩溢出，常住師兄擔心萬一底部持續融化，蠟燭因重心不穩而坍倒，後果實不堪設想。不能熄滅燭火，三更半夜只能利用大電扇猛吹底部試著使其降溫，一整夜下來蠟油仍未見凝固，盡

▲圖 25-1、圖 25-2：無極宮三樓凌霄寶殿上，左右二排相對的大光明燭，2019 年 7 月 12 日手術前唯獨妹妹那對，滾燙蠟油自底部緩緩溢出。

責的常住師兄說他擔心意外發生，徹夜未眠。

主委天未亮接獲電話，立馬趕到，說他接任歷年來，第一次看到「蠟燭兩頭燒」。蠟燭自六月中點燃一個月了，一直很正常，無從解釋的異相，擲筊請示母娘，結果竟然是母娘慈悲顯化，為妹妹消災解厄化冤愆。燈枯油竭永不滅，蠟炬成灰莫忘恩，母娘慈悲呀！也因此神蹟，八里無極宮凌霄寶殿的大光明燭從此「一淚成名」，信眾紛紛慕名而來，要求燃點光明燭放在同一殿內。

大光明燭底部融化的蠟油，滾燙的淚滴滴流下的：

母娘慈悲兩頭燃，不捨兒女泣雲端，蠟油顯化母殷盼，唯願愛女能平安。

玄微師總是不放棄任何為妹妹祈福的因緣，七月十七日下午，同修隨同玄微師至北港朝天宮參拜。朝天宮會茂法師特別為妹妹誦經祈福，玄微師並為妹妹祈求聖母神像平安符保身，不可思議的是術後幾天來，怕壓到傷口只能一直趴睡的妹妹，聖母神像掛於病床上方當晚，第一次安穩側睡至天亮。病床上左邊無極宮母娘紅彩球，右方朝天宮聖母平安符，神佛聯盟有形無形的庇佑，史上唯一，沒有人比女兒更幸福的了！

術後一切平安，八月十八日（農曆七月十八日）欣逢母娘壽誕，近二個半月來駐駕在家普照的開基母娘，我心想阿母是否也想回宮了？擲筊請示結果，果然孩子一切平安，阿母也想回無極宮與姐妹們同慶，壽誕日上午不捨恭送母娘回鑾。

母愛餘溫未散盡，不可思議再降臨，直至近日方才得知，自從蠟燭垂淚事件數月後，無極宮清囤日，常住師兄為母娘金尊清理換裝時，赫然發現駐駕我們家的母娘金尊，披肩內的鳳袍竟沾滿凝固的蠟油！何以母娘身上沾染蠟油？何時發生？絕不可能是人為，若非為母娘換裝，也絕不會發現如此令人匪夷所思的事情。無極宮師兄姐們合理推斷與妹妹的光明燭有關，蠟燭垂淚隱一角，解冤釋結又一消，只能說傳奇的一切，是母娘為子消災，恩澤廣被，慈悲的顯化。

無影燈

感恩蒲醫師的妙手回春，燒燙中心觀察了二週，復原良好，蒲醫師特別允許租借負壓儀器回家休養。剛好帝君法會圓滿日出院，手術時間遠比預估縮短了許多；原本估計住院三、四週，提前一週出院；術後不覺疼痛，止痛藥也省了！

師尊說的「三寸氣在千般用，無常來時萬事休」，腦瘤手術的風險，往往就是那生死一瞬間。大名醫，甚至常被忽略的麻醉師，真正讓病人安全醒來的守護神是誰？究竟誰掌握那一把有溫度的手術刀？醫生手術時必須仰賴頭頂上的手術無影燈，真正的無影，只有我們心知肚明！有影嘸？不可說！

回宮點了五行燈，祈求仰仗佛光道力加持，手中的五行燈，想起師尊開示的：蠟油代表煩惱，燈表智慧，闔眼當下，真正感恩的是師尊為我們的點燃那一盞生命永恆的福慧燈，懂得化煩惱成菩提。

▲圖 25-3：永遠可愛樂觀的天線寶寶。

▲圖 25-4：歡喜感受美國教授及夫人送來的禮物。

二十六 善因緣

心為菩提趨菩提，念念迴向從心起。
志與道合方為大，功不唐捐還歸己。

血液腫瘤科門診門庭若市，宋醫師總有看不完的病人。外傭推來側著頭，目光呆滯的阿公、輪椅上掛著尿袋的中年人、捆著頭巾沒有眉毛的少婦……候診時靜觀來來去去，碎為微塵的眾生，生命的艱難，各有各的功課，各了各的因果。每個人背負著不同的宿命悲劇，多看一次，多感受生命的不忍。診間個案管理師拿了一本重大傷病小手冊，「妹妹好年輕喔，妳們完全瞭解自己的病況嗎？」想解說清楚，又怕我們受傷似的婉轉，「護理師，沒關係，直說無妨，我們都能接受。」聽到這番話，貼心的護理師方才開始逐條說明注意事項，勉強勾上重度腫瘤患者等級……。

腫瘤的惡性高復發率高，病灶切除乾淨了，為免復發轉移，每個月必須到血液腫瘤科報到檢查，宋主任建議先服用標靶藥，讓病情穩定。詢問妹妹之前在美國曾服用過的藥物，因是罕見病例，是臺灣健保局尚未引進的新藥，該藥在美國價格高昂，宋醫師和蒲醫師為孩子努力嘗試專案申請健保給付，竟意外獲得核准，減輕龐大醫藥費負擔！罕見腫瘤、癌症患者幾乎每一刻面臨生死存亡交關，多少家庭為了籌措治療費用，傾家蕩產，「活著，真好」為奢侈的每一呼吸而拼搏。

八月初（二〇一九年）回診換藥，特地掛了腦神經外科，黃主任說女兒手術過程中，蒲醫師曾找他會診，腦內這麼多小腫瘤貼著神經，難以手術，且後遺症很大，暫時不急著處理。黃主任引薦我們至北醫雙和醫院，聽另一位醫生好友怎麼說，如果對方無能為力，再回來找他，寥寥幾句的一紙小手稿開啟了生命另一扇窗。

「潘兄，轉介病人，請你務必幫忙，不行，我再處理，拜託盡力！」忐忑不安地拿著黃主任的小手稿來到衛生福利部雙和醫院，潘主任當年任職臺北榮總參與引進國內首台加馬機，北榮退休後不捨這麼多需要他的病人，繼續在雙和醫院為患者服務。和藹可親的醫生伯伯，初診時不厭其煩跟我們詳談了一個多小時，潘主任幾十年來治癒無數腦瘤患者，開玩笑地說他常接手好友黃主任轉診來的燙手山芋！

第一次接觸妹妹的罕見個案，腫瘤雖多，但所幸最大的病灶約二．八公分，三公分以內仍有希望治療。其實這一年來，令人憂心的是，對照之前的 MRI 影像中有一、二顆瘤似已緩緩變大。並非所有腫瘤都適合加馬刀治療，針對妹妹的罕見病例，加馬刀手術尚無足夠醫學文獻證明能有效控制，但主任說他會全力以赴！臺灣首位引進加馬機，也是首位願意替女兒治療神經纖維瘤的貴人。誰會料到，另一無解的罕見疾病竟然因手術會診中，輾轉的一張小字條，意外重現曙光。

二〇一六年第一次在這醫院取出「介於良性與惡性間」的腫瘤之後，就未曾再回來。當時完全不知道所謂「良性與惡性間」背後隱藏著高潮跌起的劇情，此刻聽到潘主任願意全力醫治妹妹，「我仔細研究了妳的病歷，看妳現在氣色這麼好，簡直是奇蹟，在我醫療生涯中，目前還沒碰過這麼多瘤的個案，我們一起努力，來創造另一個奇蹟。」那一雙令人信賴的眼神；那一幕反轉了二個小時前尚未踏進診間，心中一路預演的情節；那份無以言喻的溫暖，讓診間陽光燦爛耀眼，儘管來時外面正細雨紛飛。

妹妹未痊癒的傷口不影響加馬刀治療，因此安排了進一步檢查，也敲定了手術日期，「業力障礙消除，福報不求自來」感恩師尊幕後的推動，讓不思議眾善緣聚集。在師尊眼中，無所謂良性、惡性……。

念頭　迴向

八月十五日（農曆七月十五日）欣逢地官大帝聖誕，回家的心情怎麼如此錯綜複雜？小文術後第一次告別了後腦沉重包袱，改頭換面回宮禮佛謝恩，果然一進宮，疼

▲圖 26-1：2019 年 8 月 15 日小文術後第一次容光煥發回宮。

愛關心她的師兄姐們簇擁而來。師尊開示說法總是最令人期待的，今日地官赦罪會是怎樣的主題？師尊問大家知道什麼叫念頭（投）？念頭有好有壞，是因為你的念「投」在人、事、物上，稱為念「頭」；投在清淨？投在煩惱？投在哪裡，就生什麼念頭，你們知道薏文的

念，投（頭）在哪裡？師兄姐回：「平安」，優雅啜飲一口甘露：「不是啦！她是投在師尊，師尊再讓她平安！」眾人掌聲叫好。師尊此番開示「念頭、念投」，不就是藕益大師說的：「心為名利，一切趨名利；心為菩提，一切趨菩提。」讓我們歷緣對境慎思當下的每一起心動念。

師尊又問大家什麼叫「迴向」？「迴向」就是輪迴，迴光反照，起心動念當下即是「迴向」。比方我們為了女兒，佛前跪求平安過關，任何牽扯到「世間法利益交換」，再大的願力皆非大，真正的大，是「與道合者為大」。殊不知色身長養是為了藉假修真，與師尊一樣，利益有情無情眾生方為「大」，當下再一記當頭棒喝！

師尊指示我們各自點十二炷香，在佛菩薩前重新（從心）發願。對一個渺滄海一粟，沒沒無聞的小文，一個無功無德，再平凡不過的家庭，師尊如此悉心竭力救渡，相較今日多少達官顯要專程前來請法，自己未免太有福報了！師尊度的是弟子的心。世間法再誘人的「利益條件交換」，師尊的神格總是泰然以對，玄微師的人格更是安之若素。

師尊佛口賜女兒平安無事，勉勵小文認真修行，伺機教我們如何在地官聖誕祈求開恩赦罪；如何在佛菩薩面前發願。凡人嚮往的高等學府，佛眼觀之卻不盡然，師尊眼中領受道祖法旨者方稱為高等教育。師尊又說：「美國濟佛慈悲道場，這段時間來，共修的功德皆迴向給薏文；當初無心的道場護持，而今所有人的修持功德再迴向給薏文，這就是『迴向』！」無心插柳柳成蔭，此分蔭涼終究回歸到自己，回歸到「自做自受」，這些完全是個人因緣果報，與師尊無關。不論護持的是袈裟一小角，抑或一片山林，都是「福不唐捐」。觀「念」正確，當下就是「迴向」（念頭迴向）。

師尊曾在孩子手術前故做掐指一算：「嗯，地官聖誕，薏文要回來拜壽喔！」當時在旁師兄疑惑著：「腦部大手術，有這麼快復原嗎？」不爭之實，眼見為憑，相較當年的足智多謀劉伯溫，今日的神機妙算李修緣更勝一籌！

▲圖 26-2：師尊替妹妹加持。

▲圖 26-3：首次術後回宮，告別病苦，一樣的花檯，不一樣的情懷。

二十七　王者非偶然

且獨行、且獨步，玄微領航行道路。
烈日雨淋不辭苦，披星戴月為淨土。

再黑的暗夜，生命仍有光；再深的谷底，人生仍有路，見證生命奇蹟，罕病旅程不再踽踽獨行，瀝血闖關，佛愛相隨讓孩子度過了生死難關。放下的喜悅，心想可以如願跟著玄微師行腳去也。攀緣一句趙州和尚八十猶行腳，只為心頭未悄然，踏破居士鞋當下，雖然只是十天的跋涉，刻骨銘心的歷程，是最好的逆增上緣。

二〇一九年的臺灣、澎湖四十二天行腳，是為了祈建龍元寺，也為兩岸和平及全臺祈福。除固定幾位行者外，弟子中有些想為家人至親發願消業而走，都需經過擲筊請示，然而對行腳心存矛盾掙扎的同修，師尊特別「點名」他要為女兒走，也預告同修過程將會很辛苦。

女兒剛手術完，傷口未癒合，不捨爸爸媽媽為她行腳，每天帶著點心來探班。八月三十一日（二〇一九）夜宿彰化溪湖福安宮，師尊突然興駕，處理福安宮宮務後，加持勉勵行者是必然的，重視倫理孝道的師尊，當眾叫喚小文跪在父母前，感恩父母

▲圖 27-1：行腳途中休息，只見永不疲憊的玄微師仍悲心為傷兵們針灸療傷。

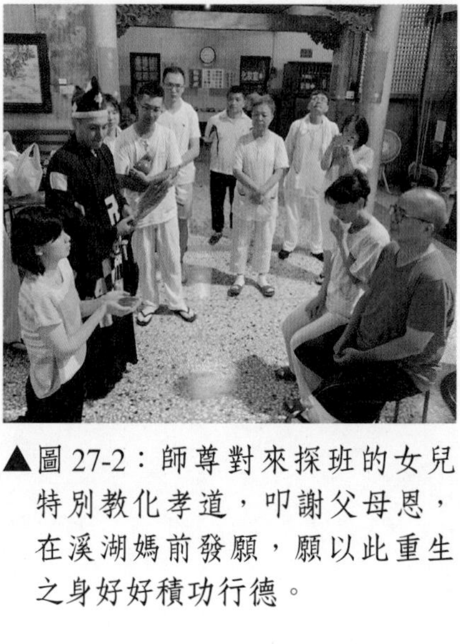

▲圖 27-2：師尊對來探班的女兒特別教化孝道，叩謝父母恩，在溪湖媽前發願，願以此重生之身好好積功行德。

養育照顧之恩，《桃園明聖經》上「爾能孝順爾子孝，點點滴滴看簷前。」孝順的傳承，如同水滴順著瓦簷向下流，一點一滴落在同一處。看著淚流滿面的孩子，媽媽早已泣不成聲，三人相擁，淚如泉湧。師尊的春風化雨，天涯咫尺，寸草春暉，走得再累再遠，總在師尊的慈愛悲憫間。

本來打算再努力多走一天，一瘸一拐的同修已寸步難行。女兒翌日須報到住院，接受加馬刀手術，只好先了世間法，帶殘兵回營，照顧老小，行腳十天在臺南後壁泰安宮劃下句點。一條長路迢遞，深刻內省的行腳之旅，支撐的力量是為孩子祈求一步一業消；是師尊佛力加持的恩典；是媽祖慈悲守護的溫暖。

師尊說「無苦無法消業」，因為苦，才懂得覺悟。再大傷痛，終究會過；再長的路，也有出口；遙遙輪迴，何處盡頭？感受了苦，方知最美的幸福，原來幸福是：睏時有一張舒服的床；渴時有一杯乾淨的水；餓時有一頓飽足的餐；如廁時有乾淨的廁所……幸福是阿彌陀佛在心田，飢來吃飯睏來眠。

在欲行禪知見力，看到什麼是真功夫、真修行，看到了真正乘願而來，任重道

▲圖 27-3：王者非偶然。

遠奉行師尊神佛教誨的玄微師；領旨天命度三曹，悲智雙運的人間菩薩。從他身上學習道家處世，儒家做人，佛家修心的典範。因為有他，神佛的大悲願力，才能方便度化，隨緣妙用。跟著小書戶（城鄉宮廟口中的小師父玄微師），不管路遙遠，一只行囊，一句阿彌陀佛，拋開紅塵雜念，勇往直前；不畏艱難，必完心願。雖然小蝦米之我不懂如何恭行天命，只會傻傻的一路「拿香對拜」，但行腳過程，看在眼裡，道之行者頂著烈日耐著腳傷，背負著為眾生守護平安，玄微師領航「行道」，《道德經》上「重為輕根，靜為躁君，是以君子終日行不離輜重；雖有榮觀，燕處超然。」一路櫛風沐雨，必守重靜，一切處之泰然，玄微師——王者非偶然！

二〇一九年十月六日（農曆九月五日）聖務圓滿，弟子們一早列隊喜迎「道之行者」凱旋歸來，不負使命是責任，更是榮譽。皮膚黝黑，語帶哽咽的玄微師分享心路歷程時，在他拭淚的那一剎那，宮娘的不捨外，偷偷瞄見大殿門口，向來酷酷的宮主，眼角泛著淚光，鐵漢柔情，我想父子那一滴眼眸殘餘的淚水，隱含著我們無以經歷，曾經篳路藍縷的過往辛酸與未來責任，不忘初心，苦盡甘來那一滴淚訴說了一切。

玄微出馬，誰與爭鋒？道之行者陽光下的足跡，留下了康莊大道。我想四十二天寓意玄妙，《佛說四十二章經》中沙門問佛：何者為善？何者為大？佛言：「行道守真者善，志與道合者大。」真修實證，志與道合，道業方成，不就是小師父要帶領我們的！

傻傻過日子

行者們終於回家囉，未參與行腳的弟子們時時心繫行者，濟佛家園是一體的，光榮返歸之日，師尊當然會下來勉勵行者的辛勞，武聖宮的法輪馬不停蹄恆常轉，而且越轉越快。行腳圓滿緊接著就是中壇元帥聖誕，師尊也特別為妹妹開「菜單」——準備一〇八顆紅蛋、壽桃、壽麵，農曆九月八日子時中壇元帥聖誕晚來拜壽，感恩四川翠屏山太子元帥一路庇佑，太子元帥對妹妹一直「顧牢牢」（臺語看得很緊）。師尊佛口賜福：第一、小文平安；第二、今生壽元多久是由天來定，不是醫生；第三、儘量跟隨師尊多做些聖事，比方行腳、進香、訪宮皆是。

隨緣開示後，師尊加持行者們一路艱辛隨行的聖物，行經近二百間的宮廟，賜予弟子們四十二天來披星戴月滿滿的愛。幸福的妹妹也跟著「滿載而歸」，師尊賜孩子用以包裹寶劍的紅布（此寶劍乃龍鳳寺之定寺劍），囑咐妹妹放枕頭下，用以斬斷小人；一段繫鳳旨的紅繩，可以巧思編成金剛結手環，用以避邪。在我們看來不過是一塊紅布、一條紅繩，原來都含藏著無量義。

師尊亦對我們垂訓，為人父母的心要安止在道業、聖業上；而非安止在囝仔身上，囝仔隨順自己的天命因緣；隨順上蒼旨意而行。安止於道業上，行道過程中自然能截長補短，如同打球，聲東擊西，球道上已排好的球瓶，宛如定局的人生命格，不先擊開球瓶，如何一球進洞？撞開球瓶後留下來的殘局路線就是我們要去了的因緣，師尊信手捻來盡是妙法，如香象渡河，截斷眾流，剎那頓消諸煩惱。也讓我深思，人生如球賽，充滿輸贏，最好的教練是自己。

師尊佛口再賜妹妹病業消一半，有師兄請示：「為何只消一半？」答案是全部消完，代表移民了！因此我們祈福不能說病業消除，要說「元辰光彩」！

「傻傻的過日子」是師尊今天送給我們的話，師尊說跟隨祂辦聖事，到處流浪，雲遊四海。師尊佛口中所謂「流浪」對我們而言是另一番「遊諸國土」「請轉法輪」，誰言此身多業障，不見如來金色身？值此佛住世，常隨佛學，切莫佛在世時我沉淪，隨師輕裝上陣，行山願海，能修習普賢十大願，我們多有福報！若無閒事掛心頭，便是人間好時節，期待這淡然的清福，春有百花秋有月，夏有涼風冬有雪，傻傻過日子的雲淡風輕！

四十二天聖務圓滿了，而我們心中的旅程方才要展開。若心存高遠，腳下便是遠方。

二十八 不識廬山真面目，只緣身在此山中

來時無目的，去時無結論。
若問浮生事，飛鴻踏雪泥。

十天的行腳，沉澱生命之旅，更能感受四季之美，一個轉身，淺秋悄然至，別過夏花絢爛，走進秋葉靜美，更多的是沉穩內斂，擁抱秋陽，宛如師尊慈悲的佛愛溫馨恬靜，今天（二〇一九年九月五日）是妹妹生命史中另一個大日子。一般門診尚未開始的大清早，潘主任的身影早已穿梭在加馬刀中心，重新仔細精算治療劑量，直到下午三點多方才就緒，距離上次國泰醫院開刀，不到二個月的時間，再次面對新的挑

戰。孩子這一生進進出出多少次醫院大門、手術門？媽媽只能陪妳到這裡囉，望著孩子的背影沒入開刀房，手術門關起的一刻，再深母愛無法替孩子上手術檯；再多憂心無法生死主宰。不管人生有多少門，手術房門內，「把身體交給醫生，把生命交給佛菩薩」師尊的話讓門外的媽媽波瀾不驚。

年少的妹妹，早已是醫院資深常客，每次住院，不忍爸爸媽媽操心，哥哥一直扮演妹妹最好的看護陪病。猶記二〇一六年在美國迪士尼樂園，哥哥說玄微師第一次看到他們，還來不及自我介紹，就笑著跟他說：「你很疼妹妹吼！」醫院有哥哥陪伴，行腳剛回來，想說終於可以睡到自然醒，高廣大床上，腦海竟浮現廟宇一角，睡袋一鋪，此仆彼起的鼾聲夾雜些許汗酸味；午休時間，牆邊紙箱一攤，瞬間秒睡；家中變頻冷氣，缺少了活動中心老舊電扇嘎嘎作響的革命情感，幾天的行腳，原來生活也可以這麼簡單！

加馬刀治療需要時間方能看出效果，非常令人欣慰的是，術後的神經纖維瘤很穩定，甚至MRI下有些看起來顏色比較深，主任說慢慢萎縮了，如同養份被阻斷，代表腫瘤已在控制中。每年定期追蹤，給它們時間，只要不再長大就好，這麼多瘤不是要殲滅它們，也不可能殲滅，贏家是彼此相安無事，和平共存。其實反應在生活中，化解人與人之間的衝突，不也如此？祕訣不是要去消滅差異，而是與差異和平共處。人生漫長路，原本退而不休的主任笑說：「為了陪年輕的妹妹，他得一直工作下去！」「醫生伯伯，那您一定不止是長命百歲喔！」妹妹開心回應。

「有因有緣事易成，有因無緣果不生」，當年在美國，曾努力尋求加馬刀治療，醫生朋友分析結果「無法執行」。而今，女兒何以回到出生的醫院接受腫瘤切除手術？原本看的是腦神經外科，何以轉至整型外科？何以主刀蒲醫師特別請腦神經外科黃主任會診後，又被轉介至另一家醫院？

因緣的串聯，這一迴圈，不到盡頭不解其奧。回首來時路，原來繞了遠路的風景更美，看似撲朔迷離，實則一切早已註定。以為陷入死胡同的「不可解」，時間到自然瓜熟蒂落；業力現前的「無可逃」，善根福德具足才能直下承擔。歡喜信受奉行，傻傻過日子，傻傻做，「佛菩薩不會欠眾生」多麼令人感動！

蘇軾《題西林壁》「橫看成嶺側成峰，遠近高低各不同，不識盧山真面目，只緣身在此山中。」以詩「觀照」內心世界，凡夫肉眼鈍見，師尊佛眼悉知悉見，境界格局天淵之別，自己更懂得謙卑，更認知自己的局限「莫以管見謗蒼蒼」，執象而求，咫尺千里。

人生來去

來日綺窗前，楓葉轉紅未？腦內腦外術後一切平穩，等待傷口癒合，二〇二〇年初，陪孩子回美國處理些事情。睽違多時，洛城冬陽依舊，豈知近鄉情更怯！美西之所以美，是師尊佛愛讓我們的心綻放，師兄姐們深厚情誼更是塵囂中彼此的一抹微笑；一切，歲月靜好。

蔚藍天空，巍峨群山，一日開車俸香途中，即將抵達時，突然聽到車上導航「Century avenue」世紀大道，不禁會心一笑，從未留意的美好，原來慈悲道場場址，這朵浮水蓮花坐落在跨世紀越時空的西方大道上，靜靜地守候護佑此方淨土。

回程，夕陽錯落的光影婆娑於一片車流中，在這擁擠裡自有一番靜謐的淡定從容。短暫的來去，白駒過隙，一路上深思著師尊的法語「人生沒有目的來，也沒有結論回去」。

疾風勁草

新冠性肺炎疫情風暴，無聲無息，悄悄吹過各國邊界，一波接一波，擾動著全世界惶然不安。美國校園陸續改採線上教學，年初回美至今半年了，妹妹原本早已計畫隨時回學校參加博士口試，前段時間礙於健康因素，現又因疫情延燒，學業完成一再延宕。指導教授體恤孩子，特別允許在二〇二〇年七月二十九日一大早，讓妹妹在臺北家中線上參與教授們的口試問答。久未返校，沒想到教授們的肯定讓口試出奇順利通過，八月四日（農曆六月十五日）滿懷歡喜感恩，回宮共修。

講經說法圓滿，眾人集於大殿內，師尊問：「你們幾年級了？」驀然回首，入武聖宮屈指近七年了（二〇一六至二〇二三年）！在神佛聯盟庇佑下，原本山重水盡疑無路，忽現柳暗花明又一村；原本群醫無策的「絕」症，意外「絕」處逢生。師尊教孩子先至誠頂禮感恩關聖帝君，擁抱父母；擁抱再造之恩的吳教授、曾教授，沒有他們就沒有因緣見到師尊；擁抱一路不離不棄的妙香師姐，若說默契是最無聲的情話，她跟師尊、玄微師的默契是無人可取代的；擁抱武聖宮苦口婆心感性的公關大使，美國弘法見證大會上，泣不成聲的「阿北」長和師兄……哭過的眼看歲月更清楚，淚光閃閃擁抱全家是一種幸福。

「過來給師尊抱抱」慈悲的師尊要孩子過去讓祂抱抱，千言萬語只在這「擁抱」

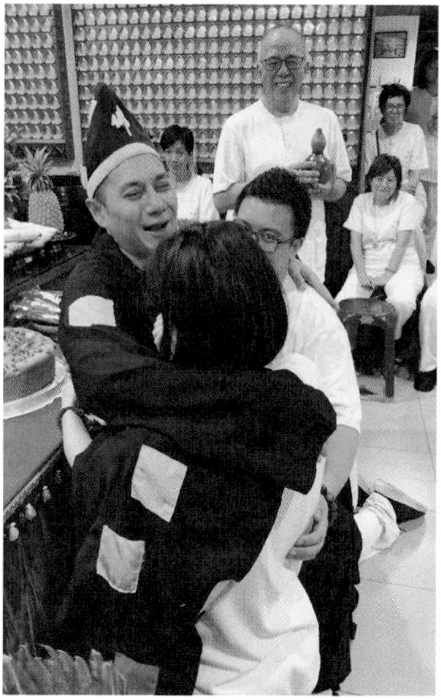

▲圖 28-1：師尊懷裡多麼溫暖。

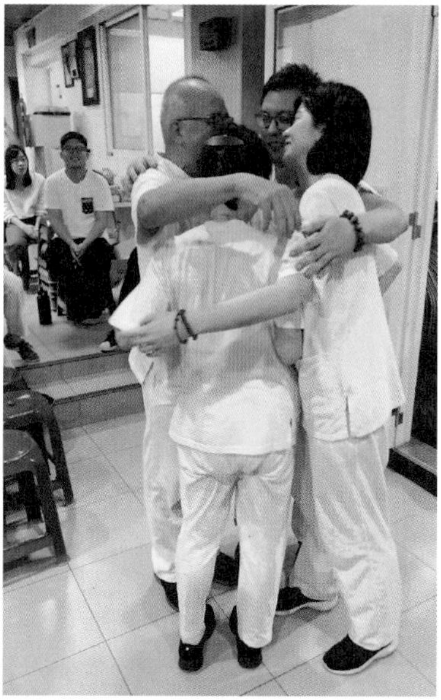

▲圖 28-2：擁抱全家的幸福。

中，師尊懷裡如此溫暖安祥，心中的花不凋零，是佛愛的力量。這張化學工程博士文憑是師尊賜予的，讓孩子得遇大善因緣的教授，順利完成學業；讓孩子肯定自己，病苦中的青春歲月沒有白費，終於如願完成階段性的里程碑。小文的指導教授和夫人還特別寄來禮物祝福孩子，陽光雨露，人生考場要感恩戴德的太多太多了！

當初不就是為了這張文憑遠去美國？當無常巨石落下，從能不能等到畢業是個未知，到進入頂尖公司上班；從有限的醫療文獻，活著的每一天都是奢求，到把一切交給佛菩薩……真的從一開始就沒有任何盤算，全部交給佛菩薩安排。風雨人生路，師尊讓我們看見希望在黑暗盡處，伴我們走過滂沱大雨，陪我們看見豔陽晴空。白居易一首「離離原上草，一歲一枯榮；野火燒不盡，春風吹又生。」不有百煉火，豈知寸金精，佛愛的春風拂曉，一枝草一點露，歷經業力的熊熊野火燃燒，而今為大地重披上翠綠的新裝。

記憶猶新，剛搬美國新家，晨起的溫柔，陽光穿透門前最愛的楓樹葉梢，小松鼠靈活跳躍枝頭間，正當感動著大自然以無聲無名的方式與生命對話時，聽到師姐傳來的一段錄音，師尊說祂寬大的法衣兩袖，收納了六道眾生，不禁悲從中來，清淨兩袖，裝載塵寰，那袖裡乾坤大悲「提起」為眾生，時時以眾生為念，自己可曾「放下」，讓煩惱罣礙拂袖而去？那時剛入師門未久，濟佛傳說，慈悲說不盡，如此沉重的包袱，如此佛愛，溫潤了我們，也溫潤了萬丈紅塵！

二十九 酥酡妙味的人生

父母皆為兒女痴，濟佛度世亦如斯。
眾生迷時行漸遠，轉得頭來更幾時。

人生岔路上生命的功課，因為師尊的陪伴，一關關過了。小文博士口試剛通過，畢業證書還沒寄到臺灣，就幸運找到很好的工作，另一新的里程開始，始終秉持莫忘初心，只要宮裡法會，一定全程參與。

二〇二〇年十一月十六日（庚子年，農曆十月初二）師尊成道日傍晚，大寮廚房師姐們結束一天繁忙，陸續收工中。此時，只見強尼師兄拎著大包小包進來，蒼白的

▲圖 29-1：2020 年 11 月 16 日（農曆 10 月初二）師尊親餵小文，強尼師兄用心以淚水、汗水熬煮的蔬福法味。

臉，有氣無力地說：「師尊要我做六樣素菜」，「做菜？你這樣子怎麼煮？」師奶殺手的他，可令師姐們捨不得，個個在旁準備當二廚。師兄忍著病痛卯足全力，玉盤珍饈如鏤月裁雲。

師尊問強尼師兄：「你知道今晚六道素菜為誰做的嗎？」師兄回：「供佛、供師尊啊！」有人切切私語：「為父母」、「為消業障」。

原來廚房的刀光劍影，藉著強尼師兄汗水、淚水的精心慢燉，每一刀每一鏟，蔬福法味宴饗大眾當下，是為了讓小文解冤釋結，也是默默在為自己廣結法緣，深耕福田。

「師尊，您如果早點跟我說是為薏文，我就會更加骨力煮（臺語意指努力）」師兄病痛中的幽默，讓大家既不捨又感動。看懂這齣人生廚房真正要擺盤呈現的用意，師尊笑飲一口甘露，越來越能體會「禪機不便分明說，假作糊塗醉裡言」。

「入道，拜道祖，結道緣；入大雄寶殿，拜佛祖，結佛緣；來到行天武聖宮，大家都是李修緣，都是歡歡喜喜！」歡喜的緣，看不見的引力讓深夜的武聖宮越夜香火越旺，越溫暖。師尊要大家跟著唸「祈願庚子年十月初三日，欣逢天赦日，一切的法緣、功德、福德全部迴向給薏文障礙消除，全家平安。」

師尊說祂一定會顧著薏文，不會讓薏文被冤親債主強行帶走。孩子過去生因為無知，不懂得修行，感得今之果報；透過今生深切懺悔，期望冤親債主不要再來取報，藉此色身積功行德，成就彼此。十月初三天赦日，全家誠心禮拜玉皇大天尊。

遙想二〇一八年二月二十四日（壬寅，農曆正月初九）玉皇大天尊聖誕，師尊為了孩子，首開先例，不惜以佛之尊一再跪地磕求，前額流血了，另人忍不住再度流淚的一幕。師尊還開玩笑的說：「薏文，從那天起妳在天庭出名了！」這就是永遠讓眾生安心寬心，幽默的師尊。

擁抱是無聲的幸福，師尊讓感恩涕零的妹妹擁抱全家；擁抱脊椎突出仍然忍痛做菜的強尼師兄。慈悲琢磨的「廚師橋段」，深深觸動每一個人，是一泓清泉，洗淨風塵；是一縷陽光，照亮心房。淚中的歡笑，六道素齋是人生的寫照，這菜的酸甜苦辣，一到嘴裡便是各嚐滋味；是佛門的清香，塵世的智慧；是一場法筵的展開；是春風化雨的佛愛！

人間有味是清歡，也正因為歷經百味，方知「清歡」的耐人尋味與可貴。

三千歲的庇佑

曾經陌生的城鎮，熟悉的祖廟，可曾想過遙遠的四川江油哪吒太子飄洋過海來看你，將是如何的無邊光景觸我心？

二〇二一年十月十日（辛丑年，農曆九月初九）欣逢中壇元帥聖誕，妹妹在大殿禮佛叩首那一剎那，「妹妹，四川江油太子來看妳了！」玄微師走過來淡定地說著。

「真的嗎？難怪今天有一種說不出的感覺！」小文驚喜中竟又紅了眼眶。祝壽圓滿，太子元帥降駕，「薏文今天全程赴我的場子，我很高興。」「妳知道我用十二道玉虛聖光把妳全身罩住，保妳平安喔！妳什麼時候要回四川來看我？我們那幫兄弟都很想妳，妳要過來謝謝祂們喔。」天真可愛的口音，誰會想到眼前神通廣大的仙童已經三千歲，全場歡笑聲連連，養樂多、糖果餅乾、彈珠汽水……壇城琳瑯滿目不一樣的供品，自己彷彿也回到孩提時代了！

口中還含著棒棒糖，熟悉的文雅風采翩翩而來，師尊興駕開心賜酒給妹妹。原來今日臨壇的聖駕不同以往，是特別來自「四川翠屏山」的哪吒太子，囝仔顧囝仔，似曾相識的口音，備覺親切。師尊對妹妹說：「明年要回四川喔，但不是自己去，你們自己去無啥路用，要請玄微師同行，說不定太子（哪吒祖廟）會起駕跟大家聊天。」又說：「你們也要回三昧禪林，謝謝悟達國師，還記得夢中的迦諾迦尊者嗎？還有孫醫師，到時舊地重遊，觸景生情，心中難言的感動，一定是從山腳下一路哭上山。」師尊已經開始最精準的事先預告了。

生命如洋蔥，層層剝開，每一片回憶都會令人流淚，四川還未成行，妹妹早已淚雙行。「沒有好東西給妳——代表什麼好東西都已經給妳了！醫生認定的不樂觀，現在不用移民了！」原來當初安排遠赴四川治療，不可說的因緣之一是為了「避劫」。師尊一本幽默地說祂救人是為了未來的聖廟，就「規个撩落去」（臺語：意指奮不顧身），師尊佛口賜福，眾等鼓掌歡呼。

感恩四川，不可說的因緣，讓我們平安度過，哪吒祖廟太子元帥、三昧禪林悟達國師、迦諾迦尊者，對我們默默的庇佑，佛佛道同，光光相照。

晨起靜坐才半個時辰，張開眼，過年時窗邊花團錦簇的那一盆蝴蝶蘭，美麗的瞬間，飄然落下了一朵在窗檯上，靜看花落，一朵花的謝幕，一花一世界；因緣生滅剎那間，未凋零之前，珍惜師徒緣，莫待花謝空餘恨！日前有師姐傳來當初美國道場成立時的大合照，時間定格的圖像裡有人消失了；有人謝幕了。思索著師尊為眾生「撩落去」，輕描淡寫的一句「撩落去」，讓多少眾生得以游出生死苦海，走出世俗漩渦？師尊曾說淡水河「船過水無痕」，慢慢體會了。引頸遙望淡水河，過盡千帆皆不是，斜暉脈脈水悠悠，何時盼得兒回頭？若是一去不復返，轉得頭來是幾時？唯有神佛無盡的等候，永遠的寬容。

禮上加禮

來到武聖宮，方才慢慢了解旗鼓喧囂中進香的意涵，神與人同，子廟回娘家，彰顯了儒家親屬的價值觀，「吃果子拜樹頭」下，也讓我們看到另一番香火傳承，光宗耀祖的大威德力。

二〇二二年十一月七日（農曆九月二十一、二十二）跟隨師尊進香詣祖，一如既往，孩子們分別在仙女隊伍和龍旗陣。聖事圓滿後回宮，師尊降駕親敕寶物賜予眾弟子。歡喜聲中師尊走向妹妹，取下祂身披的大紅哈達（長布條，禮敬之物），這是進香時嘉義觸口龍隱寺的獻禮，師尊在哈達背面題上「薏炁超然觀自在，文武俱備合三才」賜平安，為妹妹披上，俏皮對小文說：「妳不要沒事披著哈達逛街喔！」不是說沒有好東西了嗎？妹妹又得到師尊恩賜的禮物，羨煞多少人！一幅詩文，讓哈達不再只是哈達，師尊筆下，舞的是墨，寫的是法；而我們，入

▲圖 29-2：師尊於哈達背面題「薏炁超然觀自在，文武俱備合三才」。

的是心，修的是性。

浩大的進香隊伍在四方爆竹齊發、鑼鼓喧天中，簇擁著師尊神轎回祖廟，令人動容的一幕——抵達嘉義觸口龍隱寺，師尊恭敬頂禮叩謝祖恩，情緒沸騰中望見師尊以佛威儀之尊為示導，那一刻跪地當下，教化眾生飲水思源，莫忘初衷的真誠感動讓我久久不能釋懷。寶島神很大，看了這麼多的進香團，別開生面的濟公代言人大會串「相見歡」，武聖宮法相莊嚴的大戶人家李修緣，那無人抵擋的魅力，跟師尊開個玩笑「任憑弱水三千，弟子只取一瓢」……。

▲圖 29-4：師尊時時教化慎終追遠，飲水思源。

▲圖 29-3：2021 年 11 月 7 日進香中提燈籠的小仙女。

▲圖 29-5：弱水三千，弟子只取一瓢—神采飄逸風度翩翩的師尊。

三十　那一程千山萬水

此中真意難推尋，句句般若字字金。
世人若要覓歸路，但向塵中了自心。

進香餘溫猶未了，辛丑成道已來到，二〇二一年十一月師尊成道法會第三天，科儀安排禮拜《三昧水懺》，遵照師尊聖示一早準備花來供佛時，無意中發覺壇城中央供了一本眼熟的黃色經書《慈悲三昧水懺》，心想這應該是當時三昧禪林臨別前，師父與玄微師結緣的，剎那間感覺一股電流澈透全身，心中翻騰；一本經書，不覺拉開時空帷幕，歷歷禪林事，分明在眼前！

師尊希望弟子們有空來感受，當年悟達國師殊勝的千古經典之作，聖示：「你們要虔誠拜懺，其間若感覺狂風掀起，表示國師來了。」妹妹二個多小時全程執香案跟著法師跪拜，懺場中雖然不像師尊說的驟風忽起，然而穿著青衣，汗流浹背跟拜時，突然感覺背後陣陣微風吹拂，彷佛越古而來的薰風，清涼中將徐迎古聖先賢之到訪。心早已隨文入觀，時空推移聖地，感恩曾踏過的一步一履。

印象裡午後的第一場科儀，通常是門可羅雀，師尊的勉勵，竟然坐無虛席，很多人共用經書站著誦經。武聖宮法會安排日誦課程的密集，應該是他宮無可比擬，第一次禮拜《慈悲三昧水懺》，中場沒有休息，緣毫不疲憊，感動中不覺雙頰早已漫淚，只因曾走過的那一程千山萬水……。

不落跑老爸

聖會圓滿，終於有空整理家中環境，身外之物，曾經罣礙的，放下了，生命轉彎了；小黃衣不知不覺佔滿衣櫥空間；法會的聖物、經書取代了廚櫃上的名酒、水晶琉璃。

每個人對於家的詮釋，儘管用不同的生活態度展現，但不變的是那血濃於水的情感。打開時光膠囊，回憶悄悄漫上心頭，黃色牛皮袋內，裝著孩子們童年時塗鴨的小卡片，哪怕是便當袋內沾滿油漬褶皺的隻字片語，三十年來那泛黃的想念，都是媽媽收藏保有孩子生活中，每一瑣碎之物不捨的母愛。不喜歡洗便當盒，妹妹教哥哥在便當袋內畫一張笑臉，一句「媽媽，好好吃喔」，歪斜幾個字就可以輕易收買媽媽的感動，果然天天都收到一張笑臉，媽媽也甘之如飴，需要斷捨離的是心情，懂得整理自己。師尊說的：「聽到垃圾車聲音，你們每個都會去倒垃圾，師尊在這裡喈足久（臺語：叫很久），你們都不知道要清心裡的垃圾。」

「黃〇〇你到底要我講幾次才會聽話……」不禁莞爾，同修不乖時，女兒連名帶姓警告爸爸的小字條，數不清有幾張，一張小小警告條對爸爸可是有重量的。現在師尊不用開口，只要一個瞇瞇眼，同修就剉咧等了，若非師尊神通履現，善巧方便，如何破除同修的我慢心牆？女兒很小的時候就說家裡的黑白，因為她到來才有色彩，更證實了這句小時名言。孩子示現的病苦，爸爸磨平了桀驁不訓的稜角，成為孩子的靠山，從很不乖到「不落跑的聽話老爸」。

一張歲月痕跡的出生證明，在那記載著體重三千五百七十公克健康寶寶的證明背後，三十年前那份歡天喜地，對生命初始的欣躍驚詫，是否早已註定孩子此生的宿命？隱含著看不見的因果？厚厚一疊的病理報告，幾行字的一張診斷證明，往往就可以決定生死，決定天堂地獄心情的起伏，不用到確定腫瘤，光是「疑似」就足以令人雞飛狗跳了！也唯有師尊的佛眼能洞悉破解，那一紙群醫無策的生命密碼。

曾經秋時，碧雲天，黃葉地，告別秋的枝頭，美國道場遍地金黃，試圖努力掃出一方淨土，風的吹拂，落葉堆煙，邊掃邊落。無盡蒼穹，暖陽高照，彷佛感受師尊的微笑，空中看著六道紛擾庸碌的眾生；春華秋實，接受它，放下它。頓時感受了「落紅不是無情物，化作春泥更護花」，孩子所受的創傷病苦，終會成為滋養自己最好的養分，法的療癒中我們跟著成長了。

家裡妹妹房外的小花圃，跟著小主人一樣，竟然再度開花結果，綠意盎然。一如二〇一九（己亥年）成道法會圓滿，師尊賜予每一位功德主墨寶，個人依墨寶所題而修。妹妹特別的一幅「了塵」，師尊教化庇佑下，「了解」真實義，依教奉行，「了卻」過去生之因緣果報，慢慢塵盡光生，期待那朗耀萬里晴空，照破山河萬朵。

感恩師尊，一張泛黃的小紙條，孩子兒時的歡笑聲在泛黃的歲月裡依然存在。

永遠的後頭厝（臺語：娘家）

女兒因頭部表皮傷口癒合不甚理想，蒲主任建議試試日本最新研發技術，二〇二二農曆年前做了清創手術，熟悉的住院大樓，熟悉的醫護人員，「哈囉，我們又來了！」二年多了，同樣的病房進出多少病患？不用高深佛理，情緒好了，看什麼都好；再回首，一樣的長廊，卻能驚喜於醫院大樓間，露出的一片藍天白雲；感動於夕陽下，窗邊被鍍上的一層金黃。

這些年來，醫院是最真實「觀生死的道場」，刻錄著人生的苦辣鹹酸，道盡了佛家的無常，尤其腫瘤科，上演了多少離合悲歡。我們在自己的哭喊聲中孤獨地降落，又將在別人的哭喊聲中孤獨地離去。一場孤獨的跋涉，是看客，也是風景。身強體健，抵不了一微塵的病變，擋不住四大分離；萬貫家財，買不到太陽不下山；老了、病了，當一個人生活瑣事都不能自理時，談尊嚴，何其沉重。在這裡，看到業力現前人人平等。病苦；是最好的修習四念處（觀身不淨、觀受是苦、觀心無常、觀法無我），師尊善巧因果教育，女兒真能漸漸在無常中堪忍身苦，不受心苦。

世間沒有因病苦而改變；我們卻因病苦而轉念看世間，想起師尊曾開示的「世間苦，唯有世間求解脫」，苦是生命的老師。

二月十五日（壬寅年，農曆一月十五日）因孩子仍需戴著負壓儀器，不便外出，元宵節共修末後，師尊要我們轉答孩子：「武聖宮、未來的龍元寺永遠都是薏文的後頭厝，爸爸媽媽不在了；家，永遠在。」女兒聽了，感動的說：「我會那麼久嗎？比爸爸媽媽久嗎？」孩子一問，何其不捨，腫瘤的變化，看過病歷的醫生，只說這是奇蹟中的奇蹟。隨順世緣無罣礙，活出生命的寬度與色彩；生命長度，放手交給佛菩薩，師尊說的：「以無常之色身，造永恆的功德。」

有一種被愛的幸福，有一種依戀裡的疼愛叫「轉外家」（臺語：回娘家），不管妳多大，歷經多少跌跌撞撞的辛酸苦楚，「轉外家」轉去後頭厝，妳都是個孩子，永遠被呵護；「轉外家」一種無以言喻溫暖的歸屬！

此中有真「意」（億）

師尊問：「你們要怎麼護持？」我跟同修毫不猶豫回：「師尊怎麼說我們就怎麼做！」師尊故作嚴肅，佛手一舉：「嗯，五億，恁做得到嗎？」當時確實猶豫了，慢半拍擠出「做得到！」師尊：「想一下才回答就不算數，你們把手伸出來，五『億』是：『一心一意；真心真意；誠心誠意；佛心佛意；道心道意』。」

佛師一語，煩心自息；真是此中有真「意」（億），欲辨已無言！五億也是「吾憶」；意持不斷，憶佛念佛。師尊退駕前，晨鐘將鳴，佛口一出，不經意抖落零金碎玉，隨手捻來，皆能發家致富，不可得中怎麼得，豈只是「五億」！

有法度

念頭單純的小文，甫入職場，開始邁向不同風景的人生道路，「修緣佛學院」在職進「修」，年假只有一個安排，參加法會當聖工，師尊聖誕祈安大法會，對每一個人是最好報恩解冤釋結的殊勝法緣。師尊特別叮嚀女兒：「十二天的大法會要跟腫瘤依附靈、冤親債主好好許願，過去生若所造不善之業，今生今世真誠懺悔，跟隨師尊盡形壽，你（指冤親債主）跟我共同成就，不要障礙我的道業，讓我色身健康，來護持聖業。」「共同成就」，佛知見的善巧，讓女兒對無形的冤親債主不再心生恐懼，法會超渡，仰仗佛力，最終渡的是自己。法會不是「錢繳人無代」，無錢來做聖工，解冤釋結的根源依舊是自己。

雖然師尊說看看有多少法緣因小文而來？我們深知再多法緣終究還是得靠師尊的「有法度」，師尊就是這麼有「法」度人，我們無「法」自然「度」不了人！無師不說聖，師尊的應機善巧，普門無定法的「有法度」讓我看到世間一切眾生調御師。讓我知道為何「淡水燈光開通宵」，因為那是一盞萬古長夜的明燈。

▲圖 30-1：2019 年（己亥）成道聖會圓滿，師尊賜小文「了塵」，塵盡光生。

三十一　一佛出世千佛擁護

今日古月　千里同輝　朝山圓滿　祈福赦罪
人神情深　翠屏相約　一佛出世　千佛擁衛

有形可以防範，真正的恐懼在那看不見無形的散播，兒子小祥因事赴美，新冠性肺炎疫情延燒，卡了一年多終於二〇二二（壬寅）年七月帝君法會前返臺。七月十三日共修（農曆六月十五）師尊幽默地對兒子說：「你規氣剃光頭好了！」（臺語：乾脆理光頭）七月十五日帝君聖誕法會開香日，兒子一早自己拿了剃刀，「我本來就想理光頭，師尊真懂我！」原來頭髮遮蓋下，師尊早已看到小祥頭皮「出包」，困擾多時，看似不經意的一句「剃光頭」，實有寓意，應病與藥。

▲圖 31-1：2022 年 7 月 15 日（農曆 6 月 17 日）帝君法會，師尊特別內外調教小祥。

回想初次來到武聖宮，第一年帝君法會，師尊磨練的是同修；事隔七年，一樣的法會，不同的因緣，這次應機逗教渡化的是兒子。「恁二个爸仔囝乎師尊牽教攏變光頭啊！」師尊對父子微笑著，神佛的藥方都是取之於大自然，大醫王的師尊謙虛自侃說祂的法都是「簡、便、廉、驗」，「這味我爬山時常看到，我來幫你們」，在場師兄姐們熱心幫忙尋找草藥。師尊慈愛，同門之情，這就是我們武聖宮的家，感人溫馨。同修和小祥，父子理光了頭，同樣的造型，治療色身外，師尊用心調教更是那看不見的——童山濯濯的智慧。

朝山

同修被師尊指派這七天法會中前所未見的新訓練，自行天武聖宮山下招牌轉彎處，三步一跪入宮進大殿，直至法會圓滿。首次朝山，黎明前像隻單飛火金姑，師尊一鼓勵，竟蔚然成風，志同道合的同參越來越多。藉由三步一跪的消業，觀想著年邁的父親、病苦的女兒，朝著南屏淨土前進。翌日晚，師尊應機隨緣開示善財童子五十三參，五十三代表無量、多門，參到最後無量法門終歸一門；那一「門」就是「真誠心」、「至誠感通」、就是回歸「阿彌陀佛」。未曾聽過的大法，如雷貫耳，茅塞頓開，無以言喻的感動當下只想痛哭！此時突然一陣狂風驟起，呼嘯而過，師尊說大法，龍天護法同來擁護。

孩子病了，大急轉彎了，正是最好的受教時機，因緣總是給我們剛剛好的老師，這一「門」人生功課，不也是教我們回歸「真誠心」！

同修朝拜了四天，師尊說讓兒子接續圓滿，同修這下可理直氣壯交棒了！哥哥為自己、為妹妹及阿公而走，妹妹累世的因果，無可預知何時會再現形；身雖疲，疼愛妹妹的哥哥樂意多承擔些，朝拜入山「門」那一剎那，師尊要我們秉持的就是「真誠心」。朝山的修持，佛在靈山莫遠求，步步禮佛，也是朝我們內在自性高山跪拜，降伏我慢。

師尊在朝山前，即告訴兒子，除了開草藥幫他治療頭疾外，另外會找一條蛇來幫他排毒。果不其然，兒子朝山的第一天，眼看山門就在不遠處，突然腹痛難耐，加速衝向宮裡，竟在宮門前赫見一條蛇，朝山的師兄怕驚嚇大家，小心將牠引入草叢。當晚師尊降駕：「你們今早有看到一條蛇嗎？」原來蛇的造訪非不速之客，是師尊特別「邀請」來化瘡排毒的「痤」上嘉賓；蛇的表法，也讓我們深刻感受師尊的威德力。

朝山圓滿，上蒼降文予玄微師如下所示：

聖帝日禮斗會　天賜福求赦罪　黃家人一心誠　父開頭子圓滿
朝聖山除障礙　增福慧得光明　感天地神默佑　罪業消永安康

一佛出世千佛擁護

在我心中有一個生命聚寶盆，每次回宮「盜寶」，總會拾獲意外法財。師尊的句句法語，更是美的庫存，一生提領，享用不盡。八月十二日（農曆七月十五，二〇二二年）地官聖誕，子時過後的八勢路夜闌人靜，而行天武聖宮正方興未艾。依師尊聖示：逢此地官聖壽，誠心祈求地官開恩赦罪，化殃為祥，所發的願，功德迴向女兒平安。

看似簡單的迴向，反覆擲筊始終無法圓滿，一旁隨緣渡眾的師尊，早已看出我們開始小小不安，緩緩移駕而來慈悲笑著：「你們要放大願力，不是小愛在自己女兒，而是將一切功德迴向利益人天。」心念一轉，地官當下連賜五聖杯。佛法無人說，雖慧莫能了，原來聖杯給我們的教化義涵：自己的心力仰仗佛力、道力加持，一燈燃萬燈，「利益人天」方是願大力大；五聖杯，讓我們見證到「一佛出世千佛擁護」；迴向，讓我們的功德不但涓滴不失，聚寶盆內本金加息，越滾越大。

隨後師尊坐在點香區前廣場對大眾開示，同修本為師尊持麥克風，突感身體極度不適，不得不暫時告退，看他面無血色全身冷汗，「爸爸，你一直拉肚子，這麼不舒服，要不要先載你回家？」兒子關心問候著。因為信心具足，知道這絕不是單純身體不舒服，若無事，待會自然會好；若有事，師尊定會處理。

未久同修漸漸恢復，「阿隆，啥款，感受如何？」無所不知的師尊叫喚著，「本以為是吃壞肚子，但那種痛的感覺說不出來！」心有餘悸的同修仍在微顫中。原來女兒過去生棘手的因果，冤親債主神出鬼沒，師尊一直不離不棄顧牢牢，若非師尊神威顯赫，玄微師天命法旨夠力，如何招架這麼多來勢洶洶的障礙？濟佛此生倒駕而來，渡化眾生，再次深切感受「一佛出世千佛擁護」。時時以悟達國師為借鏡，這場冤親債主示現的法戲，更認知不要以為一時沒事就永遠掛無事牌，時時戒慎虔誠，臨淵履薄，切莫掉以輕心，好好藉假修真。

百轉千迴為欲轉，柔腸寸斷為情牽；愛女兒，世間情再深，抵不了業力現前，師尊苦口婆心：「這一世圓滿了，來生莫再糾纏，莫再落入情執，否則六道永難出離。」

情執，人生百瑞一場空，黃泉路上不相逢，冤親債主的示現，反而是在關心監督，時時自覺自省，最真實的逆增上緣。也期望自己好好修持，與冤親債主一起放下我執隨佛而去，往生淨土極樂國。

今日古月 千里同輝

儘管疫情延燒，澆熄不了弟子回家的心。九月十日（農曆八月十五，二〇二二）中秋夜共修結束，師尊請曾教授簡略分享，這段時間來生病的心路歷程，或許大家只知道教授身體微恙，不知病況嚴重超乎想像。或許官網上花幾分鐘看師尊的經教，可知那字字句句，是教授一再反覆恭聽師尊講經說法的錄音，嘔心瀝血之文字般若。除了治療期間偶爾不得不請假外，只要師尊興駕，曾教授與其同修吳教授一定從頭隨伺在側，扮演稱職的阿難，鉅細靡遺紀錄著師尊的說法開示，讓正法久住。那股真誠、毅力與堅定的護持，深值弟子們見賢思齊。

曾教授分享著最艱辛的治療歷程，她跟小文一樣，業力現前，無怨無尤。感同身受的我不覺落淚，遙想當年在美國，離鄉的每一步，不離對武聖宮娘家的眷戀；遠赴四川，小文治療不如預期，生性阿沙力的孩子，知道個人福報如此而已，坦然接受；堅信師尊，未曾動搖。告訴自己，不管結局如何，莫忘初衷，病苦折磨，「受」的心情大不同。若非昔日孩子的「求助無門」，如何找到師尊，找到那無上一門？登堂入室，方漸知其妙，祈願正如今晚共修，師尊禪解六祖壇經，弟子心中常生智慧！累劫迷失，漸行漸遠，智慧的基本不就是「原來如此、回歸本然」！

師尊說全家要再回三昧禪林，一年多四川的「等待」是在消業障，靜待緣熟。感恩悟達國師、迦諾迦尊者，夜雨淅淅的秋夜，曾經一段震撼的「風雨禪林」，若非定中現境的玄微師，何來今日刻骨銘心的寧靜省思？

弟子們圍繞聆聽開示，眾生相中生命的迷網，多少人等著師尊為他們脫縛解結？多少人在今夜心開意解？歷經多少陰晴圓缺，千里星月猶爭輝，颱風帶來的秋雨綿綿，遮掩了明月，在這水月道場，師尊聖光照耀古今，讓眾生心中的月，熠熠生輝；雨聲中，感受那方寸間的清净無為。

師尊退駕了，喜愛宮裡大殿前的那一池蓮花，涓流潺潺，葉上初陽乾宿雨，珠潤清圓，雀鳥呼晴；師尊的話句句鏗鏘，如雨後清溪般地淺吟低唱，如那晨陽拂曉大地。法雨（語）潤滌，一念覺觀，風景迴別。塵世難逢開口笑，今朝起，深奧佛理的落實版——奉行師尊說的「微笑」面對人生，用微笑改變世界，別讓世界改變你的微笑。

人生緣何稱憂愁，只因未識歡喜佛！

翠屏山的約定

太虛大師曾言：「法輪似地東西轉，佛道逢源左右通。」跟著師尊的法輪，時時轉動自己的心輪，十月四曰（農曆九月九日，二〇二二年）中壇元帥聖誕太子降駕，可愛的童稚音聲叫喚女兒：「等一下本元帥賜妳頭一杯蜜茶，妳什麼時候要回翠屏山？」妹妹喜回「明年」，「講好就一定要做到喔！」「當初妳在翠屏山，吾派真濟（臺語：很多）兵將兄弟顧著妳揑」「小等一下本元帥替妳加持，以前加持是治病，現在加持是補血氣，元帥一直甲妳顧牢牢喔！」

去年來自翠屏山太子元帥的玉虛溫暖賜福猶在耳際，人間煙火中不知不覺又一年，歲歲重陽今重陽，不變的是神佛對我們的慈悲庇佑，世間幾天的情緣，是一生無盡的守護。想到師尊曾說神不會騙人，只有人會騙神，突然一陣心酸，人也未免「心機算盡太聰明了」！今日太子聖誕——九九重陽情無盡，與神相約在翠屏。

人神之情有多深　調兵遣將護我身　時時庇佑年復年　翠屏相約莫忘言

相約翠屏，再回禪林，我想來年故地重遊，感動中的四川，山間依舊春風十里，太子元帥、悟達國師、迦諾迦尊者將會空中微笑來相迎。

三十二 孩子，妳只是來演一齣戲

人生如戲　無是無非　干戈止息　法衣遮圍
寒山拾得　啟我妙慧　不捨有情　濟佛慈悲

一幕幕生命劇場的示現，都是人生獨一無二的必修學分；戲局在師尊的安排下，女兒與大二就認識的小洋，二〇二二年農曆十一月攜手步入自己的家庭，完成人生大事了！烙印在心的二〇一九己亥年行腳，行經白沙屯拱天宮、大甲鎮瀾宮、西螺福興宮、北港朝天宮三步一跪進各媽祖廟時，當下只有感恩的心，意念孩子與媽媽一起至誠跪拜懺悔，祈求聖母慈悲恩赦。

走不下去時，一股力量「孩子，如果將來妳會步上婚姻之路，媽媽希望用自己一步一腳印，將妳健健康康交到別人手中，豔陽高照，淚水、汗水滴滴蒸發在滾燙的石板地上，彷見聖母慈光閃閃……」一行履，一個真；一顆心，一畝田，人間淨土在眼前。

回眸七年前的行路難，行路難，前途茫茫心已寒；若無師尊，或許早已家破人亡，如何安度生死糾纏？當年的風中燭，那一場生死拔河，乘風破浪終有時，看著師尊優雅飲著一口酒，當淚水洗淨容顏，那是慈悲甘露的化現。

「幫我揣以前新欽皮鞋佮西裝」（臺語：幫我找以前新的皮鞋和西裝），公公一直嚧，「阿公，你找這些東西要做什麼？」自從知道寶貝孫女要嫁人後，雖然明知穿不上，但還是堅持要把他少年時代「飄撇欽衫仔褲」（臺語：帥氣的衣服）找出來。

親家體恤公公行動不便，特地南下來寒舍探望，相談甚歡話家常，小文隨後跟著夫家趕往高雄探親。阿公回房默然無語，沉默；只因不捨孩子離去的背影，眼角泛著淚，矛盾的阿公嘴上常掛著兒孫什麼時候要結婚？怎麼還不嫁？嫁人了，卻又非常毋甘。

「阮厝一隻鳥仔飛出去阿」阿公哽咽說著，「阿公，你要歡喜，恁孫飛出去仔，但是師尊替恁孫安排另外一个尚好的岫（臺語：最好的巢），大家攏足疼惜。」知道孩子找到好歸宿，在老人家心中，那是喜極而泣，不捨中祝福的眼淚。

若非七年前上天送來的「大禮」，何來今日無價的「大禮」？十二月十八（農曆十一月十五）共修日，無極宮主委師兄說，他向母娘稟報薏文送來喜餅，擲筊請示竟一直笑杯，「難道阿母仔有事交待？」與阿母連心的主委念頭一閃，原來母娘欲回禮給小文，一錢、二錢、三錢……直到七錢才擲到聖杯，七的圓滿，刻著「母娘賜福」的愛心金飾，向來只聽過信眾供養金牌予神明，未曾聽聞神佛送金牌予弟子！金飾尚置於母娘座下加持，俟二〇二三年元旦再由玄微師帶領取回。

三年前置於母娘座下長期加持的是孩子的衣服，為她消災解厄面對挑戰；今日座下是賜福的金幣，祝她人生逆轉否極泰來。

▲圖 32-1：2023 年元旦由玄微師帶領至八里無極宮請領母娘座下加持的大禮，玄微師旁為無極宮主委文果師兄，全家生命中的貴人。

▲圖 32-2：母娘賜福的愛心金飾。

孩子說她什麼都不要，黃金白玉非為貴，世間再貴的鑽石、珍珠翡翠對她毫無誘惑力，身上戴的都是師尊賜她的寶物，哪怕是一條經久磨損的紅緞帶！現在又多了「母娘賜福」，珍惜的不僅是師尊神佛的庇佑，更是那世間再多財富買不到的愛，是孩子與神佛的因緣，那才是真的無價珍，用無盡！

七年前業力的「輪刀上陣」下能倖存至今，無從想像有這麼一天，出了黃家門，真正入的是重回李家門，真正的「一家團圓」。闔起眼，雙手合十間，感受的是無盡慈悲在蔓延。

「薏文，妳的病只是來演一齣戲」師尊一語驚醒劇中人！每個人登台了，「來來去去盡本分」，孩子，不管劇本多長，假作真時真亦假，無為有處有還無，歌台舞榭中，華麗京劇也好，市井川劇也罷，濃妝淡抹總相宜，只管認真演好自己，「去時了本願」，下台瀟灑一鞠躬，無憾矣！

法衣之謎

師尊對孩子說：「師尊永遠甲你顧牢欸，有一件袈裟永遠蓋著妳，把妳圍起來，讓別人找不到，師尊現在穿的這件袈裟不是真的，真正法衣在妳身上，記得第一次在美國跟妳說的嗎？」

「妳什麼時候要還？」恍然想起二〇一六年夢中的那件法衣，讓孩子平安度過風聲鶴唳的夜晚。

《錢塘湖隱濟顛禪師語錄》中記載昔「道濟為方便度世計，佯為顛狂，世間因稱為濟顛。居淨慈寺，寺焚，需木重建，濟行化至嚴陵，以袈裟罩諸山，山木盡拔，浮江至杭。已則歸報寺眾，木在香積井中……」

昔時道濟禪師為建寺，袈裟罩諸山，山木盡拔；今日師尊為救女，烏黑帷幕當頂罩下，無可閃躲的駭懼時，一席袈裟鋪天蓋地，干戈止息。迄今七年了，這一席法衣還要護衛孩子多久？十年？二十年？無形寬容的法衣庇護的不僅是這一世的色身平安，法「一」，師尊將法覆蓋孩子身上，形影不離，「依」法而行，滋長的是生生世世的法身慧命。

師尊亦勉勵孩子：永遠相信佛法無邊，深信因緣果報，上天要你留下來表示你還有事情要做，法的力量回報給你的，遠遠超乎你所想像。

聖業屬於大家的，因為有使命，方有因緣接觸此天命；共同承擔天命，各自了使命。我們何其有幸逢此天命，在這本來就存在的清淨國土，全家好好盡本分。

有一種愛叫佛愛，被愛的人才明瞭；有一首歌叫做「女人花」，聽過的人才知曉，師姐問我何以每次聽到這首歌總是心切切？只因七年前那一曲歌漫漫，那一片萬丈光芒，至今仍縈牽繚繞於心，一首女人「花」，讓這個家「花」開見佛。

孩子一場病，師尊破釜沉舟的「撩落去」，聖母二媽的黑夜親採草藥；八媽的金尊環顧加持；母娘的蠟油神威顯化，紅彩球的庇佑；南聖宮帝君的高枕無憂；太子元帥的顧牢牢；三昧禪林的千古因緣……示現不同，神佛為念蒼生，悲心度化皆同。無盡佛愛，夫復何求？不入李家林園，怎知春色如何？不歷此景，豈曉一切真實不虛！

和合二仙的祝福

壬寅年農曆十二月初八傳統臘八節，佛陀成道日，當年牧羊女供養乳糜的典故，一碗臘八粥的智慧揭開佛陀的覺醒，今夜，同樣的臘八粥，又為我們帶來什麼人生驚喜？

師尊交代小文臘八節要回來禮佛，歷史上十二月初八方是李修緣真正的生日，晚上回宮切蛋糕慶賀過後，不可思議的一場「和合二仙」說教。

第一次見到以高僧大德身份興駕，今夜先臨凡的是普賢菩薩化身唐朝的拾得禪師，與文殊菩薩化身的寒山禪師並稱為和合二仙（師尊曾為二仙化身）。拾得禪師請常住師兄準備一桶蜜茶（蜂蜜水），只見祂優雅地持香加持賜蜜茶（和合水），讓大家喝了都能「甜蜜蜜」，都能念佛，笑吐妙音。

「叫那對新人進來」拾得笑容如孩兒般純真可愛，「新人」原來是指小文和小洋，初次臨凡就賜福給這對新人，喝第一杯蜜茶，一生甜蜜蜜。勉勵新人要「抾（臺語：撿、拾取）出妙音出蓮花」；「抾出善言淨天地」；「抾出好話結善緣」；「抾出彌陀種菩提」。

▲圖 32-3：2022 年 12 月 30 日（農曆 12 月 8 日）臘八節，拾得禪師降駕玄微師身上為新人賜福。

「於一塵中塵數佛，各處菩薩眾會中，無盡法界塵亦然，深信諸佛皆充滿，各以一切音聲海，普出無盡妙言辭，盡於未來一切劫，讚佛甚深功德海……」《菩賢行願品》偈頌在拾得禪師口中行雲流水，渾然天成，絕非世人博聞強記的境界。拾得名言特別賜予新人一番鼓勵：「若世間有人謗我、毀我、欺我、傷我、輕我、辱我、惡我，當如何？」「只需忍他、讓他、不理他、不管他，再看三年，你且看他。」

「謹記在心喔，恁聽有吾仙之言，按呢才是正港『抾著』」（臺語：你們聽懂，

這樣才是真正「拾得」），「若無；抾著是抾著，恁嘛是恁！」（臺語：否則拾得是拾得，你們還是你們）

抾著是抾著什麼德（得）？要有美德、道德、功德、福德、聖德、祖德、智德、財德、口德、念德，這十德合在一起只有一德——心德（得）。

小文真的很有福報，以為只是進宮拜拜享用臘八粥，沒想到竟意外「拾得十德」，這一念謹記於心德（得），不僅是這對新人，所有在場師兄姐，若有見聞者，悉皆「抾著」十德。

風吹過的，路走過的，你的故事講到了哪？師尊退駕了，「抾著」（拾得）與祂的麻吉「凍霜」ㄟ（臺語：寒山）回仙界了；回首前塵，諸佛菩薩古聖仙賢的教誨，姑蘇城外寒山寺，人生過「客」，夜半鐘聲依舊到「客」船，寒山鳴鐘，聲聲苦樂皆隨風……「生命重現」讓你我看到——佛法無邊，法輪常轉，這一切都是活著的，不生不滅，比生命更永恆。

「長路奉獻給遠方，玫瑰奉獻給愛情，我拿什麼奉獻給你，我的愛人……」一首耳熟能詳的歌曲，而我們拿什麼奉獻給師尊？

奉獻；感恩宮主、宮娘全家人默默的付出，一個神佛之家，將玄微師無私奉獻給眾生。

曾聞「父母在，人生尚有來處，父母去，人生只剩歸途」，感恩師尊，即使我們不在了，孩子們依舊有一真正的「歸處」，後世子孫踩在那一方代代曾經共同耕耘的心田淨土上，攜著泥土的芬芳，奏出的是大地的吟唱，天籟的絕響，溪聲盡是廣長舌，山色無非清淨身，在心中角落裡吟詠著未來「向天山・龍元寺」四句偈——「與山盟誓；與水相交；與花為友；與佛應心」。那份寧靜祥和的歸處，思及弘一大師的「春滿花枝，天心月圓」美呀！

感恩師尊擁抱我們的脆弱；感恩玄微師付出一切總是沉默；感恩姐姐、姐夫照顧年邁的爸爸，讓我們全心陪孩子，無後顧之憂；感恩吳教授、曾教授及時伸出援手；感恩關心我們的所有師兄姐，親朋好友；感恩過程中遇到的崎嶇顛簸；感恩那讓我們生命重新來過，體會生命意義的罕見瘤……。

走筆至此，赫然發現不經意的安排，鈍筆之作竟完結在三十二篇！憶起師尊曾開示的觀世音菩薩三十二應化身，能遊諸國土，乃因遊戲人間不當真，「三十二」也相應金剛經三十二品。

德國哲學家叔本華名言中有一句：「只有知道書的結尾，才會明白書的開頭。」故事將近尾聲，終章皆為序曲，「最後」是色身業力的終點；是法身願力的彰顯。這一頁（葉）沒有結束，最後一曲餘音，依然是我們的初心。儘管落葉（頁）繽紛，感恩一切有緣陪我們翻過人生最艱難的一頁。

「拾得」落紅，「葉葉來去多從容」一葉一如來，因為這一「業」，我們看到法界的生住異滅，生老病死，不因為持咒、加持灌頂，葉子就不會落下來，世間法中學會面對無常的從容；看清水月鏡花，心不那麼浮動。

佛的慈悲，人生沒有翻不過去的任何一夜（頁）。如那越夜燈火越輝煌的一方淨土，師尊的愛；華燈初上夜未央，武聖之光永流長！

後記

金蟬脫殼

小文即將完成終身大事前，師尊就說祂會送一個大禮，讓女兒當嫁妝，當時只覺師尊的厚愛，孩子已是天之驕子，師尊賜福無價珍，弟子何德蒙佛恩？任何禮物都是受之有愧，沒想到那還真是不可思議的「大禮」！

二〇二三年一月三十日（癸卯年，農曆正月初九日）玉皇大天尊聖壽，師尊將祂隨身佩戴十二年希世之珍的紅珊瑚佛珠賜予小文，藉由師尊多年來醒世濟世的功德力讓她保身，讓她金蟬脫殼，平安過關。

「天公賜福，賜妳平安」當師尊佛手為小文佩戴佛珠那一刻，我跟孩子忍不住紅

▲2023 年 1 月 30 日（癸卯，農曆正月初九）玉皇大天尊聖壽，師尊賜小文紅珊瑚佛珠，讓她金蟬脫殼。

了雙眼，逢此天公生正日，知道不在三界五行中，無禁無忌，通行無礙的師尊，又在為小文「生命續約」，繼續「撩落去」。

今回診看腦內多發性中樞神經纖維瘤檢查報告，「妳的聽力沒有什麼問題嗎？那顆緊貼著聽神經的瘤沒有威脅到妳吧？」醫生親切問候著，「沒有耶，聽力非常好。」三年前動了加馬刀手術至今，腦內瘤一直穩定和平共存著，妹妹的笑容，知道這一切都是師尊「硬甲顧牢牢欵」！

「一串珊瑚映碧海，一朵蓮花出水來」，瑰麗璀璨的七寶背後，隱藏的是師尊無量功德的庇佑。

金蟬脫殼，一個重生的真實蛻變；無盡感恩的佛愛綿延。

圓滿外一章

感恩之旅——一炷香的承諾

感恩朝聖為初衷　千里歸來情如昨
戒慎虔誠畏因果　哪吒祖庭沐恩波

本書原擬於癸卯年師尊聖誕（二〇二三年二月）稟天後完稿付梓，經師尊聖示，俟全家四川感恩之旅回臺，方為有始有終，方為圓滿。原來這一頁沒有結束；原來跨時空邀約，還缺那飲水思源的感恩，還差那莫忘初衷的「一炷香」……。

擲筊聲聲定佳期，二〇二三年七月十四日至七月二十一日（癸卯年農曆五月二十七日至六月四日）宮主及玄微師帶領下，六位師兄姐們陪同，感恩朝聖謁祖之旅，溫暖啟程！

行前一週，師尊聖示：「你們全家從今起每天持誦《慈悲三昧水懺》，出發前三天吃素，直到啟程。」《慈悲三昧水懺》經文不算短，誦到末後或許會哩哩落落，「這麼長的經文，知道用什麼心誦這部水懺嗎？」「身口意三業清淨，就在轉『貪瞋痴』為『戒定慧』，轉『殺盜淫』為『信願行』。」若能將佛法放在心中，就是活出三昧水懺，體現悟達國師的真義。甚深法義誰參透，唯待師尊來宣說，當下一語撥雲見日，雖尚未「禪林泉水以洗瘡」，行前一番法譬如水，已倍覺歡喜清涼。

遠方的佛愛，呼喚著！

傍晚六點多長榮班機，緩緩降落成都天府機場，藍天雖闊，卻難承載感恩者一路的真情。機上臺灣民謠「雨夜花」直笛樂曲傳來，伴隨著夕陽餘暉暈染了客艙，不覺聲聲吹皺一池春水，撩撥根根感恩的心弦。千迴百轉，曾經受風雨吹落地的「雨夜花」，獨在異鄉不孤獨，一直默默被看顧……一首經典老歌，譜出的是佛愛的呼喚，是另一種難言的鄉愁。

煙火紅塵又四年　重返故里為尋根

昔日背負路遙遠　今日行囊是感恩

由於抵達時間已晚，辦妥民宿入住後，沒有太多選擇，第一餐在附近的街角小館，悠閒地坐下來，舌尖上的成都，瀰漫在空氣中的椒麻香辣，那保留在記憶深處的熟悉味，為這尋根之旅掀開序幕。

約莫十一點，笑語聲中，神秘嘉賓孫醫師翩然出現！「我太想念玄微師，想念你們，下班後就趕過來了！」風流倜儻的他，一如既往，小扇儒雅輕搖曳，知己難逢話往昔。久別的擁抱，是最美的感動，小文一見孫醫師，眼淚立馬奪眶而出……。

晨陽燦爛迎接首日行程——西南第一叢林「青羊宮」，默默露出一臉的晴朗，擁抱十方善男信女。儘管一早即人流如織，地處繁華喧囂之中，仍為一方清靜之地。當時四川就醫因緣告一段落，返臺前最後在此合十道別，祈求祖師爺庇佑一路平安。故地重遊，本是人生樂事，一下車，山門橫匾「青羊宮」三個金燦燦大字，已經讓人情不自禁，淚水在眼眶打轉了。調皮的玄微師故意直視著妹妹眼睛，看著妹妹有沒有哭，「怎麼還沒開始就這麼催淚了啦！」妹妹邊拭著淚。

最高智慧「道法自然」莊嚴照壁如如屹立，看著歲月滄桑，照映古來

▲圖 1：全家回西南第一叢林「青羊宮」謝恩。

▲圖 2：青羊宮茶園。

今往。進入山門如昔松竹蒼翠，綠樹成蔭，幽靜秀麗。玄微師帶領，先在混元殿前向祖師爺稟告此行謝恩聖務緣由，淡定自若，句句鏗鏘。

混元殿走向三清殿間最具代表性建築的八卦亭，古木參天，一片蔥蘢，亭內供奉老子法像，令人尋思著龍柱上楹聯「問青牛何人騎去，有黃鶴自天飛來」，全家在此虔誠叩謝感恩。

斗姥殿曾是我和孩子最常傾訴心語的地方，殿外老樹佇立的歲月，看著多少痴人是非功過，愛恨情仇。看似瀟灑的同修最愛坐在那樹下的花檯，當時的懸念憂心，一樣的老樹情緣，那一片天空，多了他人無法感同身受的動容。

青羊宮老茶園依舊悠閒、不爭朝夕，這是個人感受「網紅」背後那個最真實的成都。這次來茶館的不是對此地情有獨鍾的孫醫師——是宮主，平常理性酷酷的宮主，這些年來，妹妹生病的過程，他可是一個十足感性慈祥的爸爸。眼前這複雜生活中能簡單一回的茶園，難以言喻若干年後懷著感恩跟宮主把拔、師兄姐一起閒坐於此，市

▲圖 3：玄微師旁為楊醫師闔家特別趕來探望丫頭小文。

井香茗中的戲曲人生，這杯茶水，終於喝到苦盡甘來的真味，多麼珍惜這似曾相識的夢中畫面……。

節儉的宮主連茶資都不讓人花，坐在茶園外幾瓶「農夫山泉」就這樣「茶」言觀色一下午。這條路，曾風雨險阻，我看見全家人最堅定「選擇」的幸福；這一幕，曾看似放逐，我們感受神佛最慈悲不捨的眷顧。

結束第一天的尋根，住宿處離文殊院不遠，成都日落晚，大伙兒追逐著落日餘暉，感受成都夕照的浪漫。雖然去時山門已關，在寺外合十禮佛，週邊的文殊坊與文殊院一牆之隔，集成都人文民俗及現代休閒美食，小店經濟點亮古色古香的都市禪林，不在規劃中的特別景點，懷舊尋古中也別有一番樂趣。

楊醫師得知小文健康回來，迫不及待全家來探望「丫頭」小文，四年了，仍罣念著當年的丫頭。楊醫師說他的藥，主要是讓體內毒性向外發，事後回想那段無法手術期間，幸虧張道長、孫醫師和楊醫師聯手內外夾攻，抑制癌細胞向腦內蔓延擴散，這些豈是當時認為因緣不俱足的我們，決定回臺灣所能體會的。

再次重逢，我們只有感恩。

天平

翌日再訪三昧禪林，性情純真的孫醫師特地向醫院請假，一路陪同，「驛路睥睨芳草合，沃野千里之追尋，關山迢遞白雲飛……」，《慈悲三昧水懺》慢慢浮現心頭，經文真是美呀！遙想當年悟達國師為求聖水，必須翻山越嶺，而今交通便利，如經文「誠重勞輕」能來到此聖地，相較古人即便披霜帶露跋涉千里又何妨？疊翠群峰中「三昧禪林」牌坊方入眼簾，又見雙松張蓋來相迎，小文瞬間秒淚崩，再次穿越歲月長河，踏著古聖先賢走過的山林古徑。三昧禪林，迴廊一寸皆有情，青燈古佛知我心。

記憶在蜿蜒石徑小道上步步蔓延，心中沸騰向山林深處漸漸攀升。玄微師先引領大家在大悲殿前稟告，敘明此行緣由，五百羅漢雕像依舊雄踞於古解冤洞外，當年「迦諾指示三

▲圖 4：三昧禪林迦諾迦尊者與悟達國師相約「雙松為記」。

▲圖 5：無以言喻的感恩，玄微師背後正是悟達國師雕像。

▲圖 6：玄微師領眾禮佛謝恩。

▲圖 7：五百羅漢雕像雄踞的古解冤洞，昔時曾在此辦《慈悲三昧水懺》法會。

味之法水，悟達洗除往世之冤業」觀世音菩薩殿前，方大如斗之聖水井因故暫不使用，取水已另移至殿後。

寺宇多處整修中，這次特別爬上悟達國師舍利骨塔祭拜。烈日炎炎，玄微師稟報時竟感陣陣清涼，小文亦親向國師謝恩，這些年來，自己恢復健康也成家了，今帶同修一同前來叩謝。孩子泣不成聲硬咽述說，聞之不禁酸鼻，陽光燦爛下舍利骨塔前那一盤臺灣帶來的紅喜糖閃閃發光，告別的過往，遠去的憂傷，那是悟達國師的慈悲，讓孩子有此福報再度回來叩謝神恩。

香煙裊裊隨著感恩的心氤氳上升，凝望著悟達國師舍利骨塔，色身雖壞已長眠，然「佛身充滿於法界，普現一切群生前」。夏風十里拂清涼，想來悟達國師早已知汝遠來本有意，為小文拂來滿林心香，期盼一切因果紛擾，終落塵土。

▲圖8：紅著眼跟觀世音菩薩說：「我回來了！」

前往上三昧路狹崎嶇，大車無法行駛，師父特別開小車分批送大伙上山，一抵達就先把帶來的酒供奉濟公佛龕前禮拜。玄微師依例領眾在大雄寶殿禮佛稟報，也教妹妹分別於迦諾迦尊者與悟達國師尊前再次稟告，歷劫歸來，不忘昔時誓願的初發心，依教奉行的長遠心。日後將好好修持《慈悲三昧水懺》法本，願以所修之功德迴向累世累劫冤親債主，仰仗佛力接引他們往生淨土，離苦得樂，爾後若有因緣來四川，時間允許必回禪林看看二位老人家。

隨後讓妹妹頭依靠在金尊前請二位老人家慈悲加持，此時的玄微師闔目天人合一，修道者的天語靈示，在我們解讀就是與神佛「對話連線」，面露微笑說：「迦諾迦尊者和悟達國師說恭喜、恭喜，送妳們八個字『戒慎虔誠，敬畏因果』，並賜予妳們未來一個寶寶。」八字箴言，簡單中感受到無盡佛愛的祝福與自己未來的行持。

▲圖 9：玄微師帶領全家於悟達國師舍利骨塔前禮佛謝恩。

▲圖 10：暖陽徐風，悟達國師舍利骨塔前的一盤紅喜糖，有說不出感恩的「糖話」。

上三昧已重新整修，不復當年斷壁殘垣，取聖水源處也移了位置。舊寺改變，記憶中憑弔的依然是那昔日石板封護殘破不堪，訴說滄桑歲月的古跡……。

▲圖 11：妹妹將頭依靠尊者前蒙佛加持，身披白菱之迦諾迦尊者與紅菱之悟達國師。

取三昧聖水回宮乃此行聖務之一，寺裡師父熱心幫忙，帶著滿滿的聖水，慢慢步出禪林。臨別前，玄微師指示我們全家呈奉本書向天稟告悟達國師、迦諾迦尊者、觀世音菩薩，我們回來感恩還願了！高聳傲立的「三昧禪林」牌坊曾見證多少時代流轉與歷史風華，在它上方，錦簇雲層散發光芒萬丈如佛光四射來相送，浩然天宇彷見「戒慎虔誠，敬畏因果」浮出雲岫。

此時的我感覺天空現一偌大天平托舉在雲霧間，《與濟佛有約——生命重現》和《慈悲三昧水懺》，各坐天平兩端，身為人母的心，綻放燦爛的微笑。

天平，孩子的故事意味著世間什麼是真平等？法律？因果相當，世間最公平的是因果業力，天欺人欺因果不欺。因果縱三世，歷歷不爽，不在世人眼前所見，因為師尊，因果方能示現非凡，得救的妹妹，乃至全家，今生好好奉行《慈悲三昧水懺》法，祈願一切惡緣轉樂緣，刀山劍林變寶林。

聽到四年前禪林偶遇的師父們，皆離開了！芳草依舊碧連天，天之涯，地之角，豈曉知交半零落？唯有那上三昧當年只准玄微師入內汲水的酷酷師父還在，「阿彌陀佛，師父，您記得我們嗎？」師父眼光只注視著穿梭在殿內外的玄微師，「哎呀！我清楚明白的很哪！過去了，通通都過去了，不要再

▲圖 12：歸程，全家於三昧禪林山門前呈奉本書向天稟告謝恩感恩。

提啦！你們去汲水吧！」本想與師父多聊些，卻支使著我去拜拜，當我們背著包包，持香下跪時，另一師父喊著「放下，放下，大老遠從臺灣來這裡拜拜，身上的包袱還硬背著不放下，枉費呀！」遙望遠山浮雲，青翠欲滴的幽靜，回首向望這娑婆塵囂，是的，放下，通通過去了，揮一揮衣袖，不帶走一片雲彩。

原來孫醫師說的沒錯，小文的故事在禪林傳開了，今帶我們取水的師父說當年宏塵師父離開前曾對他們提及昔日往事，一切有為法如夢幻泡影，如露亦如電，難道師父們是來配合演出？當清風拂過心中的《慈悲三昧水懺》，吹送著悟達國師的加

▶圖13：佛光四射，照耀著「戒慎虔誠，敬畏因果」。

持，越過千山萬水到十方法界，祈願每個人都能在經文的流盪，歷史的教訓裡，尋回自己本來面目。

歸程，流連車窗外，夕陽映照下的彭州，美的令人陶醉，花開花謝，人來又走，再次告別，又是一場戲的落幕，日落歸心，歸於平靜。「四川省立人民醫院」當初被殘酷拒絕看診，注目醫院招牌消失在疾馳的車速裡，來不及回望，生命續行，刻骨銘心的淚光中看到小文會心的微笑，感恩的花開在滌塵之旅上。

行程中第三、第四天屬辦聖事行程，於此暫略。謹特別一提至青城山普照寺，準備離去時，普照寺現出法輪光，大家都得到佛光普照加持，當時法輪不偏不倚映照在大雄寶殿「正法久住」匾額之上，象徵濟佛法輪之正法將永續大轉利人天！

曾經巴蜀風雨聲　濶別多時再尋訪

借問禪林何處去　三昧當下是故鄉

哪吒故里江油行

昔時愁困誰共處　聽我傾訴陪我哭
切莫忘記來時路　祖廟最初的幸福

七月十九日我們履行承諾回江油哪吒祖廟了！一到祖廟，道長小徒弟聰厚可愛的小廖出來迎接，心中鼓躍淚兩行，淚水不是悲傷，是昔日情景的重溫！迫不及待回哪吒殿禮拜，從臺灣帶來酥餅、金柑糖，妹妹虔誠跪著供上喜糖時，止不住的淚水，「囝仔顧囝仔」，妹妹和太子有說不出道不盡的「因」深「緣」長，宛

◀圖14：全家回翠屏山「哪吒祖廟」謝恩，感恩哪吒、金吒、木吒太子們的庇佑。

如玄微師行前即說江油哪吒太子、金吒太子、木吒太子都有現境給他看，太子們早已等不及希望我們儘快回去了！神佛的慈悲，沒有絲毫利益交換，就在那真心的承諾。

「我這次有備而來，眼睛有裝水龍頭，隨時可以開關喔！」妹妹說著說著，一不小心水龍頭又自動開了！好在此行貼心宜真師姐特別送她可愛葫蘆手帕，從頭擦到尾。

▲圖 15：小文眼睛的水龍頭一直開著。

文昌殿外，有些小小修整，沒有瑰麗的彩飾，張張警世箴言，妝點粗糙灰白的牆面，看到其中一則有感警語，寫著「聚如丘山，散如風雨，迅如雷電，捷如鷹鶻」不免令人思及當年落難來此避劫，兵荒馬亂中太子和弟兄們捍衛小文，出神入化的畫面應是如此！道長一句「歡迎回家」，疫情關係，四年沒回家了！也因為當時避劫，太子元帥和祂那幫兄弟不曾捨棄，捍衛孩子遮風擋雨，今日方能無恙重相聚！

回味昔日同修與妹妹住的房間，簡樸中的安定，此地，每一磚一瓦都凝結著最深的思念，熟悉的一位婆婆移民了，狗狗小白不在了……看顧文昌殿八十歲婆婆一句經典尋味的話：「老伴早已離開，現在每日早晚誦經，人來人去，只有祖師爺的陪伴是永遠的。」心中的清淨，正是不退菩薩為伴侶！

▲圖 16：昔日小文和爸爸同住的廂房。

甫遠程回來的張道長為大伙個別義診，簡單的一張椅子，雙手一摸，全身掃描般什麼毛病，打過幾次麻藥，多年沉疴之疾，遺忘的舊傷，甚至憂鬱情緒，一一清楚道來。超越現代醫學高科技診斷的「人體醫學」，如道長所言，跟玄微師一樣，很多書本上學不到的功夫都是半夜神佛夢中相授，他再自己去融會貫通。

猶記二〇一九年四月初，當時玄微師至四川探望我們，「太子說今年會賜給我一個大奇蹟，本以為所謂奇蹟是哪吒祖廟將進一大筆捐款，但我寧可祈願太子賜的大奇蹟不是兌現捐款，而是用在薏文身上，讓她早日恢復健康平安。」道長說著說著就跟玄微師聯手合作為小文治療，「一個願望奇蹟」那一刻傾下的淚水，只能說孩子太有福報了！

道長依舊熱心盡地主之誼設晚宴款待，私下相處的道長率直爽朗，功夫深厚卻平易近人，一無隱諱做作，是他可愛處。「臺灣隆哥來了！」道長一聲邀約，熙和堂堂主龍哥、建哥全到齊了！「當年你們回臺前，小隆女腫瘤持續惡化，這幾年來，我們彼

▲圖 17：張道長與玄微師高人相見歡。

▲圖 18：熙和堂已重新改造為家常菜館。

此心中藏著問號，想著小隆女應該不在了，彼此不敢問，因為不確定中寧可相信小隆女還活著……」龍哥哽咽的肺腑之言，神佛之愛外，世界的一角有多少人默默惦念關愛著小文！老友相聚，昔時每醉酣，遙遙行路難，今日再聚首，已過萬重山。一如往常，儘管熱鬧喧嘩中，華筵美酒杯各傾，「玄」來猶若定中僧，這就是我們可愛的玄微師。

明日即將回臺，沒有特別行程，白天回江油市看看紅牌孫醫師，門診依然門庭若市。昔日的煎藥小鋪「熙和堂」搖身一變翻新成家常菜館兒，在這小館子，每一張小餐桌想來都是江油人談天說地的大舞台。而我，來不及翻頁的思緒猶停留在當年掌櫃的身影，簡陋陰暗的灶腳中代客煎藥，等著顧客上門，彷彿仍依稀嗅到那一屋子的中藥味，看到那藥舖年代的人情往事。

道長請龍哥準備了特色家鄉料理，為大伙餞別，昨晚盛宴的接風洗塵，「人生得意須盡歡，莫使金樽空對月」，今夜的「勸君更進一杯酒，唯盼故人早日回」，來去匆匆只在這「何處難忘酒，天涯話舊情」中。

龍哥說這屋子充滿了回憶，隨意的農村菜，來自五湖四海的人們圍坐在一起，守著自己一方天地，就這樣過一輩子，何嘗不是對生活的純真態度。沒有世俗的禮節和排場，暢快自然，平凡家鄉味挑動味蕾不僅是回憶，更是那觸動我心，高級米其林買不的「情」！

「你們要常回來呀！」因為妹妹的病，這片土地上看到多少世間愛與溫暖。此景，宛如孟浩然當年的純真好客，「故人具雞黍，邀我至田家」；此情，似已彼此默然相約「待到重陽日，還來就菊花」。

孫醫師晚上特別來飯店為大家義診，冰雪聰明的玄微師在旁觀看，孫醫師僅一提點，玄微師一言半句便通曉，無庸藥書千萬篇，孫醫師的醫術精湛已是江油奇葩，玄微師的悟性令孫醫師嘖嘖稱奇，神佛之子不可思議呀！感覺他們真是「半師半友半知己」！

七日二十一日中午收拾行囊準備回家，至天府機場路上，重溫不願落幕的篇章，再次細讀這數度入圍中國最具幸福感，從古蜀走來的現代城市，回顧這片道教發源地的醇正風華與美麗，在神佛聖賢與後人的對話裡；在千古因緣與歷史啟示的故事裡；在家鄉美食與古道探索的感動裡；在質樸純厚的人情味裡；在民宿一隅，餓了嗎？大伙等待美團外賣的小確幸裡；甚至酷暑下一杯王老吉、糍粑冰粉的清涼裡……。

生命中有許多屬於自己才懂的吉光片羽，難以言喻，但它們就是在心中縈繞不去。同樣的熙和堂，把酒言歡終散場，異鄉情深不落幕！蜀之美，一週來大伙一早出門去收集晴天裡的風和日麗，感受陰天裡的微風細雨；蜀之情，感恩玄微師、宮主及年輕師兄姐的陪同，一路伴隨著勇氣和智慧，歡笑、淚水、溫情交織的滌塵感恩之旅，清淨朝聖之路，重新感受了生命，從心看見了自己。

因為玄微師，我們方能見到不可言的神蹟；方能如此步履從容，在人生旅途的每一處驛站，安心即住，恬靜自在，領略當下的「本地風光」。什麼都好的他，對聖事的堅持可心細如髮，一絲不苟。青城山邊巷弄裡不起眼的舊書攤，蒙塵泛黃殘破的書堆裡，發現他流著汗靜靜地尋覓那古老的智慧，不在冷氣房的金石堂、誠品書店中，這情景總在不經意間，停下腳步莫匆匆方能欣賞到的美。

轉「業」

農曆六月十五日，共修末後，師尊讓薏文壇前稟報將三昧禪林恭請回來的三昧聖水與眾濟佛弟子共結法緣，佛力加持弟子們除障礙增福慧，師尊也對全家一番開示：「要持續修持三昧水懺，師尊替你們轉家業，轉層層疊疊的因果，同樣該花的用不

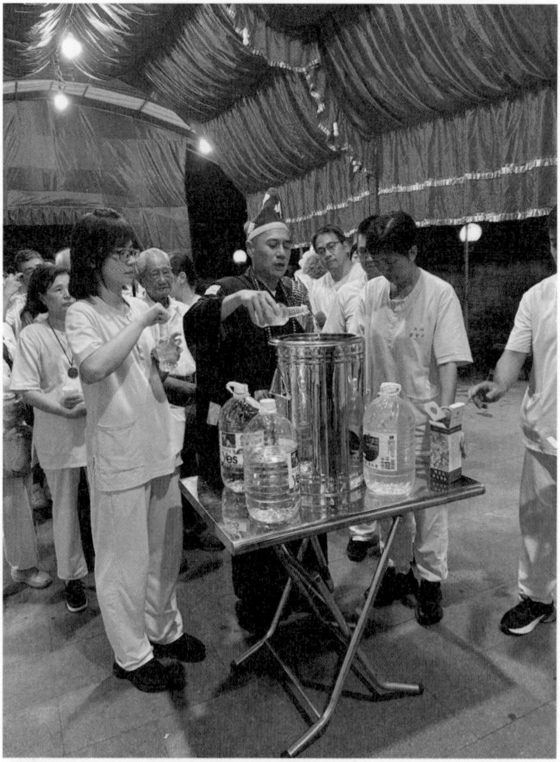

▲圖 19：農曆六月十五日（八月一日，2023）共修日，師尊將三昧禪林請回之聖水與眾弟子共結法緣。

同方式轉，原本女兒出生，這輩子賺的錢是要花在女兒醫藥費，師尊將這筆錢全部轉到護持三寶上，如此而已！」七年前的期望，師尊為我們一一兌現了，全家跟著師尊走入修行，師尊是獨一無二的理財達人，將我們有限的世間財，轉施無限的功德財，投資報酬率是生生世世受用無盡。

謹記悟達國師的教訓，「戒慎虔誠，敬畏因果」，驕慢心起業門開。師尊苦口婆心，希望所有弟子，以三寶為我師，好好薰修護持，堅信三寶深信因果，這才是佛菩薩藉竅渡眾生的本願。鬼通靈感，但不能替我們開智慧，請法問事只是方便法，先以利勾之，為的是引入佛智。

滂沱雨聲中深思著師尊今所吟：「假的背著真的走，雙腳伸直光溜溜，試問西方在何處？不如天地一悠遊。」這個如幻假有的色身，在這水月道場，「生命重現」方能有此福報藉假修真，黃家的因果，對黃家是一個震撼「教育」，因師尊長時不捨有情的「教」，方能「育」出每一個轉變，良善的循環。

師尊曾開示「蕃薯毋驚落土爛，只求枝葉代代湠（傳）」，當年人眼中看似發霉、爛了的小蕃薯，因為師尊的春風化雨，方能腳踏實地堅毅不撓闖出自己一片天，因為佛愛的溫暖，日夜守護，所以勇敢，蕃薯情代代湠，結局也完全無共款（不一樣）！

感恩之旅圓滿了，玄微師手中「一炷香」，求的永遠攏是為眾生，餘香繚繞，祈願攏是為大道。我們呢？心中無數求，寓此一炷煙，曾經在多少香爐燭台，插上多少祈求誓願？點燃多少殷盼期望？祈願的男男女女，希望在杯筊中獲得肯定，世世代代的盼望在輕煙裊裊中昇華，「一炷香」牽動的是知福惜福感恩的心，相信此行佛前祈禱「與濟佛有約——生命重現」，慧命相續，手中這一炷香如蓄薯枝葉代代湠，將永遠薪燃不息，不忘初心，不退菩提。

國家圖書館出版品預行編目（CIP）資料
與濟佛有約：生命重現 / 邱美郁著. -- 初版. -- 高雄市：藍海文化事業股份有限公司, 2023.10
面； 公分
ISBN 978-626-96381-9-2(平裝)
224.517 112015312

與濟佛有約——生命重現

作　　者　邱美郁
發 行 人　楊宏文
編　　輯　張如芷
封面設計　毛湘萍
內文排版　徐慶鐘

出 版 者　藍海文化事業股份有限公司
802019 高雄市苓雅區五福一路 57 號 2 樓之 2
電話：07-2265267
傳真：07-2233073
購書專線：07-2265267 轉 236
E-mail：order@liwen.com.tw
LINE ID：@sxs1780d
線上購書：https://www.chuliu.com.tw/
臺北分公司　100003 臺北市中正區重慶南路一段 57 號 10 樓之 12
電話：02-29222396
傳真：02-29220464
法律顧問　林廷隆律師
電話：02-29658212

刷　　次　初版一刷・2023 年 10 月
定　　價　350 元
I S B N　978-626-96381-9-2（平裝）